図解 連結決算のしくみと読み方

公認会計士
石王丸周夫 著
ISHIOMARU, Norio

中央経済社

はじめに

　連結会計は，「変革期」の会計手法です。

　企業が「変革期」を生き抜くための手段の1つに，持株会社化というものがあります。企業グループを束ねる親会社を純粋持株会社にするというものです。

　純粋持株会社というのは，その傘下に新たな事業を加えたり，その傘下から既存の事業を外したりするのに都合のよい組織です。先行きが不透明な世の中にあって，次なる時代を模索するためにふさわしい組織といってもよいでしょう。連結会計というのは，そのような組織がグループ経営を行っていくうえで，必要不可欠な会計手法なのです。

　もちろん，連結会計はそのためだけにあるわけではありません。純粋持株会社であろうとなかろうと，上場会社等でグループ経営をしているのであれば，連結財務諸表を作成しなければなりません。しかし，今から100年以上前に米国で連結会計が広まった経緯にしても，今から20年ほど前に日本の上場会社が連結決算重視にシフトした経緯にしても，純粋持株会社との関わりは明らかであり，いずれも背景には「変革期」の社会があったのです。

　連結会計の学習にあたり，こうした背景を知っておくことは，会計処理を理解するうえで助けになります。本書では，なぜ連結決算が必要なのかという点をまず押さえ，それを土台に，連結決算のしくみと読み方を説明していきます。

　連結手続に係る会計処理の説明にあたっては，仕訳は一切登場しません。代わりに図表を多用します。仕訳の知識がある方にとっては，かえってわかりにくいかもしれませんが，1つの試みとして，仕訳の知識がゼロであっても連結会計を習得できる方法を考えてみたものです。

　連結決算のしくみと読み方を理解した後は，実務への応用に進んでく

ださい。連結財務諸表を作成する方だけでなく，でき上がった連結財務
諸表を分析して経営に利用する方も含めて，本書で得た知識をさまざま
な場面で応用していただきたいと思います。

　最終章では，連結会計の特徴を際立たせるために，連結会計とは対極
にある考え方に基づく注記情報を紹介しています。セグメント情報です。
セグメント情報は，グループ会社の情報をまとめ上げるのではなく，す
でにまとめ上げた情報を切り分けた情報です。この情報には，連結会計
の導入により見えにくくなった部分を補う役割があります。

　切り分けた情報が求められる背景には，企業グループが手掛ける事業
の多様性が強まってきたことがあります。おそらく，次なる時代の主力
事業を模索する動きの表れではないでしょうか。セグメント情報もまた，
「変革期」に役立つ情報なのです。

　本書の主な内容は連結決算の基本的なしくみと読み方の解説ですが，
同時に，上記のような認識を伝えることができればと思いながら執筆し
ています。連結決算のしくみと読み方を，背景を知りながら学んでいく
という趣旨ですが，連結会計を学ぶ読者の皆様の一助となれば幸いです。

　なお，本書の刊行にあたっては，株式会社中央経済社の坂部秀治様に
大変お世話になりました。この場を借りて御礼申し上げます。

　2022年1月

石王丸周夫

CONTENTS

第3章　連結される会社とは

第4章　取引を消去する

第5章　未実現利益を消去する

第1章

連結決算とは

1

直感に訴える連結会計
ハンバーガー２個で二段重ねバーガー１個を作る

　連結会計とは何か？　その話の前に，しっかりと目に焼き付けてほしい図表があります。図表１-１です。

■ 連結会計のきほん式

　図表１-１は，ハンバーガー２個で二段重ねバーガー１個を作る方法を算式で表したものです。

　二段重ねバーガーとは，バンズ３枚とパティ２枚からなるハンバーガーのことで，最も有名なのはマクドナルドのビッグマックです。ハンバーガー２個から二段重ねバーガー１個を作るには，バンズが１個余るので，それをマイナスしてあげればよいことを示しています。

　ハンバーガーを単純に２個重ねると，真ん中のバンズが２枚になってしまう。これを１枚抜いてみるか

■ 知識だけでなく直感も必要

　連結財務諸表の作成プロセスはこれと似ています。複数の会社の財務諸表を１つにまとめたものが連結財務諸表なのですが，まとめる際に数字のダブりを消去するのです。これは，図表１-１とまったく同じ発想です。

　連結会計の実務では，知識も大事ですが，こうした直感的な発想もある程度必要になります。たとえば，連結時の処理方法が会計基準に載っていなかったり，処理方法が複雑で作業に行き詰まったりするケースでは，連結財務諸表の完成した姿をイメージし，そこから逆算する形で処理方法を導き出すことになります（図表１-２）。

　あるべき姿がこれなら，余分なものはおそらくこれね

図表1-1　連結会計のきほん式

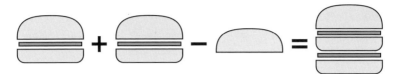

図表1-2　完成形から逆算するイメージ

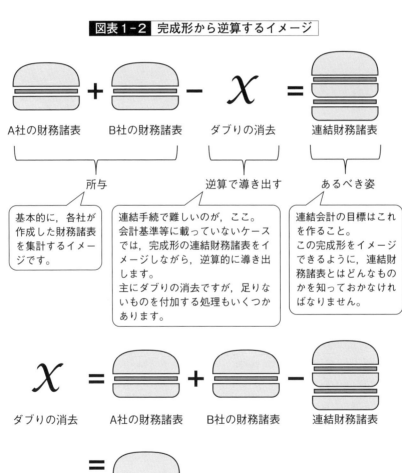

2 連結財務諸表のイメージ
企業グループを1つにまとめた決算書

　複数の会社の財務諸表を1つにまとめたものが連結財務諸表です。では，どんな会社同士でもまとめてよいかというと，そういうわけではありません。

　「トヨタと日産を連結しました」なんて聞かないよな

■ 連結するのはグループ会社

　連結財務諸表としてひとまとめにするのは，グループ会社です。厳密な範囲は後述しますが，いわゆる子会社等をひとまとめにすると思ってください。

　トヨタであればトヨタのグループ，日産であれば日産のグループで連結するってことか

■ 企業グループの決算書と企業自体の決算書

　図表2−1は，セブン＆アイグループを例に，連結財務諸表と財務諸表の関係を示したものです。セブン＆アイグループといえばコンビニのセブン−イレブンが有名です。もちろん，イトーヨーカ堂等，他にも有名な会社がこのグループに属していますが，ここではグループ全体を管理するセブン＆アイ・ホールディングスと，その傘下の1つであるセブン−イレブン・ジャパンを図示しています。点線で囲んだ部分は各社の財務諸表です。セブン＆アイ・ホールディングスもセブン−イレブン・ジャパンも，それぞれ財務諸表を作らなければなりません。その他の傘下の会社も同じです。

　企業の数だけ個別の決算書があるってことね

　実線で囲んだ部分は連結財務諸表です。これを作るのはセブン＆アイ・ホールディングスの役目です。

図表2-1　セブン＆アイグループの連結イメージ

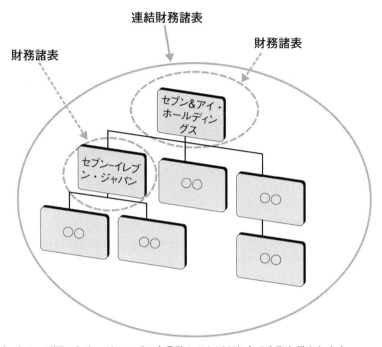

（注）イメージ図のため，グループの企業数やぶら下がり方は実際と異なります。

3 連結と個別の大きさ比較①
連結売上高が個別売上高の20〜50倍！

　セブン＆アイ・ホールディングスについて，連結決算と個別決算の規模感をつかんでみましょう。

■ 個別に比べて巨額な連結

　図表3-1は，セブン＆アイ・ホールディングスの営業収益（連結と個別）の数値を5年分並べたものです。営業収益（連結）のほうが圧倒的に大きいことが一目でわかります。

　グラフの上に，実際の数字を記載していますが，営業収益（連結）の値を営業収益（個別）の値で割ると，約20〜50倍になります。

 連結はグループ全体の売上高だから大きくて当たり前だな

■ 連単倍率とは

　連結財務諸表作成会社において，連結の値をその会社の個別の値で割った値（倍率）のことを連単倍率といいます。連単倍率は，売上高に限らず決算書の各項目について算定可能で，経営分析でよく使われる指標です。

　一般に，売上高の連単倍率は1を超えます。つまり「連結売上高＞個別売上高」となります。

 売上高の連単倍率が大きい会社は，グループ展開に積極的ということね

　それにしても，セブン＆アイ・ホールディングスの連単倍率は極めて大きいです。金額ベースで見てみると，営業収益（個別）が1〜2千億円であるのに対し，営業収益（連結）は5〜6兆円です。けた違いに大きいとはまさしくこのことですが，他の企業でも同様なのでしょうか。

図表3-1 セブン＆アイ・ホールディングスの連単比較

セブン＆アイ・ホールディングスの営業収益 （単位：百万円）

	2017年2月期	2018年2月期	2019年2月期	2020年2月期	2021年2月期
連結	5,835,689	6,037,815	6,791,215	6,644,359	5,766,718
個別	217,860	114,665	120,072	115,843	163,940
連単倍率	26.8	52.7	56.6	57.4	35.2

20〜50倍

セブン＆アイ・ホールディングスの営業収益
〜連結と個別〜

連結がけた違いに大きい

（出所：セブン＆アイ・ホールディングス有価証券報告書（2021年2月期）により筆者作成）

4 連結と個別の大きさ比較②
純粋持株会社と事業持株会社による違い

　営業収益の連単倍率について，比較のためもう１社見ておきましょう。

■ 小田急電鉄の連単倍率

　図表４−１は，小田急電鉄の５年間の営業収益（連結と個別）を棒グラフで表したものです。

　営業収益の連単倍率は約３倍です。小田急電鉄１社の稼ぎの３倍をグループ全体で稼いでいることを意味します。積極的にグループ経営に取り組んでいるものとみられます。

　しかし，セブン＆アイ・ホールディングスの連単倍率（約20〜50倍）と比べると，かなり低いです。両グループのこの違いは一体どこからくるのでしょうか。

　ここまで違うと，グループ展開の積極性の差ということでは説明できそうもないな

■ 企業グループ形態との関係

　実は，両社の連単倍率の違いは，企業グループの形態と関係しています。両者とも，傘下の会社の株式を保有しているという意味での持株会社なのですが，セブン＆アイ・ホールディングスは純粋持株会社，小田急電鉄は事業持株会社と呼ばれる形態なのです。

　持株会社の分類方法に厳格な決まりはありませんが，一般的には，傘下の会社の管理に専念している持株会社を純粋持株会社，自らも事業を行っている持株会社を事業持株会社と呼んでいます。２種類の持株会社の収益構造がどのように違うのかがわかると，連単倍率の差が理解できるので，次項でもう少し詳しく見ていきましょう。

　理由はともかく，純粋持株会社の場合は，連結ベースの営業収益と個別ベースの営業収益の差がかなり大きくなるということね

図表4-1　小田急電鉄の連単比較

小田急電鉄の営業収益　　　　　　　　　　　　　　　　　（単位：百万円）

	2017年3月期	2018年3月期	2019年3月期	2020年3月期	2021年3月期
連結	523,031	524,660	526,675	534,132	385,978
個別	166,445	169,556	173,901	172,081	114,366
連単倍率	3.1	3.1	3.0	3.1	3.4

約3倍

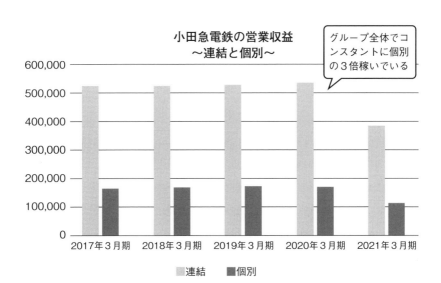

小田急電鉄の営業収益
〜連結と個別〜

グループ全体でコンスタントに個別の3倍稼いでいる

■連結　■個別

（出所：小田急電鉄有価証券報告書（2021年3月期）により筆者作成）

5 連単倍率の読み解き方
事業収入がグループのどこに落ちるか

セブン＆アイグループと小田急グループの構造をそれぞれ簡単に図示しました（図表5-1および5-2）。両グループの違いは，グループの外から稼いでくる②の収益が，グループのどこに落ちるかという点にあります。

■ 配当収入のみか事業収入もあるか

セブン＆アイグループの場合は，②の収益は傘下の会社（一例として，セブン-イレブン・ジャパン）に落ちており，グループを率いるセブン＆アイ・ホールディングスには落ちていません。純粋持株会社というのは，自らは事業を行っておらず，主な収益源を傘下の会社からの配当金（①）に頼っています。その額は一般に，グループ全体の②の集計値をベースとする営業収益（連結）よりもずっと小さな金額になるため，営業収益の連単倍率はどうしても大きくなるのです。

一方，小田急グループの場合は，傘下の会社（一例として，小田急百貨店）にもグループを率いる企業（小田急電鉄）にも，②の収益が落ちています。事業持株会社の場合は，自ら事業の運営を行っており，自ら稼ぐ事業収入（②，ここでは旅客運輸収入等）が多額にあります。そのため，営業収益（個別）の金額が少額にならず，営業収益の連単倍率は小さくなるのです。

■ 純粋持株会社と連結会計の関係

実は，連結会計は，このうち純粋持株会社と切っても切れない関係にあります。次章では，なぜ連結会計が必要なのかについて述べますが，そこで純粋持株会社について掘り下げていきます。

 連結会計と純粋持株会社は，よほど関係が深いのね

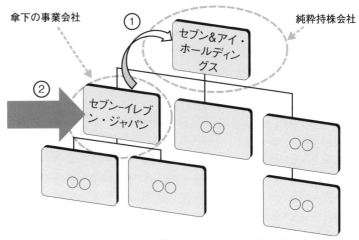

図表5-1　セブン＆アイグループのイメージ

（注）イメージ図のため，グループの企業数やぶら下がり方は実際と異なります。
①の収益……傘下の会社からの配当金等
②の収益……企業グループ外からの売上収入（フランチャイズ料等）

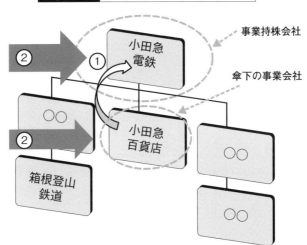

図表5-2　小田急グループのイメージ

（注）イメージ図のため，グループの企業数やぶら下がり方は実際と異なります。
①の収益……傘下の会社からの配当金等
②の収益……企業グループ外からの売上収入（旅客運輸収入等）

6 作成すべき開示書類
連結財務諸表と連結計算書類

　連結財務諸表の大まかなイメージが描けたところで，連結会計の最終目標である開示書類について，その制度と作成すべき書類について整理しておきます。

■ 金融商品取引法と会社法

　図表6-1は，連結開示制度と対象会社を整理したものです。金融商品取引法と会社法のそれぞれを根拠とする連結開示制度があります。金融商品取引法では，有価証券報告書に収録される連結財務諸表の作成が求められます。会社法では，株主総会招集通知に添付される連結計算書類の作成が求められます。

　これらの制度で連結決算を開示しなければならない会社は，主に上場会社です。上場会社では，基本的に上記2種類の連結開示書類を作成しています。

 連結決算の数字自体は1つで，それを2種類の様式に落とし込むイメージね

■ 開示書類の種類

　図表6-2は，連結財務諸表と連結計算書類の別に，開示すべき書類を一覧にしたものです。情報量が多いのは，連結財務諸表のほうです。その中から主なものだけを選んだのが連結計算書類です。

　連結財務諸表には，連結注記表に該当するものがないように見えますが，実際には，連結財務諸表の各書類に注記事項が記載され，しかも，その量は連結注記表よりも格段に多いです。

 連結計算書類はコンパクトで使いやすいけど，連結キャッシュ・フロー計算書がないのが弱点だな

図表6-1 連結開示制度と対象会社

金融商品取引法	有価証券報告書提出会社（主に上場会社）
会社法	大会社（資本金5億円以上または負債総額200億円以上） かつ 有価証券報告書提出会社
	ただし，上記以外の会社でも，会計監査人設置会社であれば任意に作成できる

図表6-2 作成すべき開示書類

	書類名	連結財務諸表	連結計算書類
1	連結貸借対照表	○	○
2	連結損益計算書	○	○
3	連結包括利益計算書	○	
4	連結株主資本等変動計算書	○	○
5	連結キャッシュ・フロー計算書	○	
6	連結附属明細表	○	
7	連結注記表		○

「2．連結損益計算書」と「3．連結包括利益計算書」は，「連結損益及び包括利益計算書」として1つにまとめることも可。

7 連結貸借対照表
連結特有の科目を攻略すればよい

　開示書類の実例を見て，最終目標である連結決算書のイメージを頭に入れましょう。

　2つの開示制度のうち，比較的シンプルな開示書類である連結計算書類を使って，まずは連結貸借対照表を見てみます。

■ 企業グループの財政状態を表す連結貸借対照表

　図表7-1は，セブン＆アイ・ホールディングスの連結貸借対照表です。資産サイドで金額が最も大きいのは「現金及び預金」です。これは，傘下にセブン銀行があるためですが，連結貸借対照表が企業グループとしての財政状態を示していることは，このことからもわかります。

　大半の科目名は，個別の貸借対照表で一般的にみられるものと同じです。しかし，一部，連結貸借対照表にしか出てこない科目があります。連結決算書を読むには，連結特有の科目の意味を理解することがポイントです。

 意味のわからない科目が1つでもあると，それだけで全体がわからなくなるからな

■ 連結特有の科目

　具体的には，以下の科目です。

　「退職給付に係る資産」，「退職給付に係る負債」，「その他の包括利益累計額」，「為替換算調整勘定」，「退職給付に係る調整累計額」，「非支配株主持分」

　これらの連結特有の科目は，連結手続のプロセスで新たに登場してくる科目です。したがって，これらの科目の意味を理解すれば，連結決算書の作成プロセスも理解できます。

 科目名だけ見てもさっぱりわからないから，これを攻略するのが連結会計習得の早道ね

図表7-1　連結貸借対照表の例（セブン＆アイ・ホールディングス）

連結貸借対照表（令和３年２月28日現在）　　　　　　　　　　（単位：百万円）

科　目	金　額	科　目	金　額
（資 産 の 部）		（負 債 の 部）	
流 動 資 産	**3,350,223**	流 動 負 債	**2,782,433**
現 金 及 び 預 金	2,189,152	支 払 手 形 及 び 買 掛 金	385,289
受 取 手 形 及 び 売 掛 金	318,142	短 期 借 入 金	619,953
営 業 貸 付 金	95,010	一 年 内 償 還 予 定 の 社 債	66,917
商 品 及 び 製 品	158,867	一年内返済予定の長期借入金	146,747
仕 掛 品	80	未 払 法 人 税 等	21,283
原 材 料 及 び 貯 蔵 品	2,378	未 払 費 用	124,070
前 払 費 用	62,009	預 り 金	236,400
Ａ Ｔ Ｍ 仮 払 金	216,471	Ａ Ｔ Ｍ 仮 受 金	130,167
そ の 他	315,465	販 売 促 進 引 当 金	19,859
貸 倒 引 当 金	△7,353	賞 与 引 当 金	14,853
固 定 資 産	**3,594,022**	役 員 賞 与 引 当 金	360
有 形 固 定 資 産	**2,206,023**	商 品 券 回 収 損 引 当 金	933
建 物 及 び 構 築 物	994,096	返 品 調 整 引 当 金	27
工 具, 器 具 及 び 備 品	330,185	銀 行 業 に お け る 預 金	741,422
車 両 運 搬 具	17,647	そ の 他	274,145
土 地	746,284	固 定 負 債	**1,333,063**
リ ー ス 資 産	7,789	社 債	565,000
建 設 仮 勘 定	110,019	長 期 借 入 金	362,592
無 形 固 定 資 産	**645,873**	繰 延 税 金 負 債	78,879
の れ ん	349,882	役 員 退 職 慰 労 引 当 金	774
ソ フ ト ウ エ ア	152,324	株 式 給 付 引 当 金	4,008
そ の 他	143,666	退 職 給 付 に 係 る 負 債	9,309
投 資 そ の 他 の 資 産	**742,125**	長 期 預 り 金	50,783
投 資 有 価 証 券	204,107	資 産 除 去 債 務	99,072
長 期 貸 付 金	14,194	そ の 他	162,644
長 期 差 入 保 証 金	339,405	負 債 合 計	**4,115,497**
建 設 協 力 立 替 金	203	（純 資 産 の 部）	
退 職 給 付 に 係 る 資 産	79,888	株 主 資 本	**2,647,023**
繰 延 税 金 資 産	44,352	資 本 金	50,000
そ の 他	63,338	資 本 剰 余 金	409,069
貸 倒 引 当 金	△3,364	利 益 剰 余 金	2,198,805
繰 延 資 産	**2,586**	自 己 株 式	△10,851
開 業 費	1,934	その他の包括利益累計額	**21,902**
社 債 発 行 費	652	その他有価証券評価差額金	35,729
		繰 延 ヘ ッ ジ 損 益	1,580
		為 替 換 算 調 整 勘 定	△30,835
		退職給付に係る調整累計額	15,427
		新 株 予 約 権	**56**
		非 支 配 株 主 持 分	**162,352**
		純 資 産 合 計	**2,831,335**
資 産 合 計	**6,946,832**	負 債 純 資 産 合 計	**6,946,832**

（出所：セブン＆アイ・ホールディングス第16回定時株主総会招集ご通知）

連結損益計算書
連結決算の弱点はここに表れる

　図表8-1は連結損益計算書の例です。図表7-1と同様に，セブン＆アイ・ホールディングスの連結計算書類を構成する書類の1つです。

■ごった煮状態の連結損益計算書

　連結損益計算書は，企業グループの業績を示します。

　一番上の「営業収益」は当然のごとくサラッと表示されていますが，この中には，コンビニのフランチャイズ料だけでなく，スーパーの売上，銀行の手数料収入等，さまざまな収益が含まれています。

　ごった煮状態で，とにかくまとめましたっていう雰囲気満載だけど

　連結決算の趣旨は，個々の会社の損益ではなく，企業グループとして損益を計算することであり，そのことを優先した結果だといえます。

　連結決算というのは，個別決算に比べて透明性が高いイメージがありますが，連結損益計算書を見る限り，決してそうではありません。性格の異なる事業からの損益をすべて一緒にしてしまうことにより，かえって中身が見えなくなっています。この欠点が，後述するセグメント情報の開示につながっていきます。

■連結特有の科目

　連結損益計算書にも連結特有の科目があります。以下の科目です。

　「持分法投資損失（持分法投資利益の場合もある）」，「税金等調整前当期純利益」，「非支配株主に帰属する当期純利益」，「親会社株主に帰属する当期純利益」

　やはり，これらの連結特有の科目を理解することが大切です。

　あとはよく見る単体の損益計算書と大して変わらないかもね

図表8-1 連結損益計算書の例（セブン＆アイ・ホールディングス）

連結損益計算書 （令和2年3月1日から 令和3年2月28日まで）

（単位：百万円）

科　目	金	額
営　業　収　益		**5,766,718**
売　上　高		4,518,821
売　上　原　価		3,480,025
売　上　総　利　益		**1,038,796**
営　業　収　入		1,247,896
営　業　総　利　益		**2,286,692**
販売費及び一般管理費		1,920,363
営　業　利　益		**366,329**
営　業　外　収　益		
受取利息及び配当金	4,004	
電子マネー退蔵益	1,179	
その他	4,954	10,138
営　業　外　費　用		
支払利息	9,479	
社債利息	1,105	
持分法投資損失	885	
その他	7,633	19,104
経　常　利　益		**357,364**
特　別　利　益		
固定資産売却益	3,010	
事業構造改革に伴う固定資産売却益	1,106	
雇用調整助成金	4,094	
受取保険金	956	
その他	1,265	10,433
特　別　損　失		
固定資産廃棄損	12,180	
減損損失	31,604	
新型コロナウイルス感染症による損失	40,534	
事業構造改革費用	10,213	
その他	14,489	109,022
税金等調整前当期純利益		**258,776**
法人税, 住民税及び事業税	46,369	
法人税等調整額	18,069	64,439
当　期　純　利　益		**194,337**
非支配株主に帰属する当期純利益		15,074
親会社株主に帰属する当期純利益		**179,262**

（出所：セブン＆アイ・ホールディングス第16回定時株主総会招集ご通知）

連結株主資本等変動計算書
純資産の期中変動を明らかにする表

図表9-1はセブン＆アイ・ホールディングスの連結株主資本等変動計算書です。

■ 株主資本等変動計算書の連結バージョン

連結株主資本等変動計算書は，連結ベースの株主資本等変動計算書です。株主資本等変動計算書は，貸借対照表の株主資本等，すなわち純資産の期中変動を表にしたものです。連結株主資本等変動計算書はその連結バージョンであり，連結貸借対照表の純資産の期首から期末までの変動状況を表した書類になります。

B/SやP/Lに比べれば，脇役的存在だから，サラッと見ればいいか

■ 連結特有の科目

連結貸借対照表や連結損益計算書と違って，連結株主資本等変動計算書はヨコに科目が並んでいます。並んでいる科目は連結貸借対照表の純資産の部の科目と同じです。

連結株主資本等変動計算書のタテには，純資産の変動事由が並んでいます。期首から期末に至る各科目の増減要因を示すものです。図表9-1の例では，「親会社株主に帰属する当期純利益」が表現的に連結特有の事由ですが，これは連結損益計算書の末尾からの転記です。

これ以外にも連結特有の事由が出てくることはありますが，毎年出てくるものではありません。

まずは連結B/Sと連結P/Lを理解するのが先ね

図表9-1　連結株主資本等変動計算書の例（セブン&アイ・ホールディングス）

連結株主資本等変動計算書（令和2年3月1日から令和3年2月28日まで）　（単位：百万円）

| | 株主資本 | | | | |
	資本金	資本剰余金	利益剰余金	自己株式	株主資本合計
令和2年3月1日残高	50,000	409,262	2,106,920	△11,313	2,554,869
連結会計年度中の変動額					
剰余金の配当			△87,134		△87,134
親会社株主に帰属する当期純利益			179,262		179,262
自己株式の取得				△12	△12
自己株式の処分		0		472	472
その他		△193	△242	2	△433
株主資本以外の項目の連結会計年度中の変動額（純額）					
連結会計年度中の変動額合計	－	△193	91,885	462	92,154
令和3年2月28日残高	50,000	409,069	2,198,805	△10,851	2,647,023

| | その他の包括利益累計額 | | | | | 新株予約権 | 非支配株主持分 | 純資産合計 |
	その他有価証券評価差額金	繰延ヘッジ損益	為替換算調整勘定	退職給付に係る調整累計額	その他の包括利益累計額合計			
令和2年3月1日残高	25,953	△277	17,515	3,533	46,725	331	155,295	2,757,222
連結会計年度中の変動額								
剰余金の配当								△87,134
親会社株主に帰属する当期純利益								179,262
自己株式の取得								△12
自己株式の処分								472
その他								△433
株主資本以外の項目の連結会計年度中の変動額（純額）	9,776	1,858	△48,350	11,893	△24,823	△274	7,056	△18,041
連結会計年度中の変動額合計	9,776	1,858	△48,350	11,893	△24,823	△274	7,056	74,112
令和3年2月28日残高	35,729	1,580	△30,835	15,427	21,902	56	162,352	2,831,335

（出所：セブン&アイ・ホールディングス第16回定時株主総会招集ご通知に際してのインターネット開示事項）

10 連結３表のつながり
作成プロセスとも関係がある各表のつながり

図表10‐1は連結計算書類の主要３表のつながりを図示したものです。主要３表の定義はありませんが，ここでは連結貸借対照表，連結損益計算書および連結株主資本等変動計算書の３つとしています。

■ 損益の修正が純資産に伝わるルート

３表のつながりは，以下のとおりです。

連結損益計算書で計算された当期の業績が，連結株主資本等変動計算書の「利益剰余金」に反映され，純資産に関するその他の変動も含めて計算された期末の純資産残高が，連結貸借対照表の純資産の残高と一致します。連結手続において，損益を変動させるような修正を加えた場合，連結損益計算書に影響があることはもちろんですが，上記のルートを伝わって，連結株主資本等変動計算書，連結貸借対照表にも影響が出るわけです。

 作成プロセスとも関係しているのか

■ なぜ，この３つが主要３表なのか

連結財務諸表は，連結する各社の財務諸表を集計して，修正を加えて作成されますが，そのプロセスから直接的かつ平易に作られる決算書が上記３表です。連結決算を行う以上，この３表は最低限作成されるわけで，会社法に基づく連結計算書類でこの３表に連結注記表を加えた４つが求められていることも，実務と符合します。

なお，有価証券報告書で開示される連結キャッシュ・フロー計算書は，一般的に，連結貸借対照表２期分と連結損益計算書１期分のデータを基に作られます。

 連結キャッシュ・フロー計算書は二次的に作られるのね

図表10-1 3表の数字のつながり

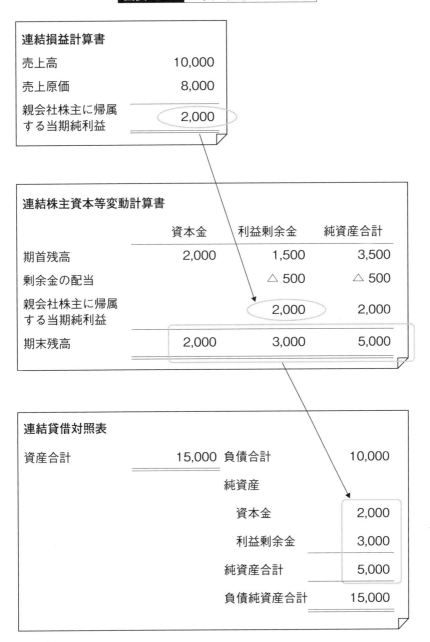

連結（consolidate）とセグメント（segment）の語源

　連結財務諸表のことを，英語では"Consolidated financial statements"といいます。連結会計は米国生まれの会計手法なので，英語の語源を探っていくと，そのイメージがつかめます。

　"consolidate"の語源は以下のとおりです。

　con（共に）＋solid（固い）＋ate（〜にする）

　つまり，「共に固いものにする」となり，バラバラのものをまとめて固めるイメージが浮かびます。

　転じて会計では，親会社の決算書と子会社の決算書を，まとめて1つにする──すなわち，これが連結財務諸表というわけです。

　これに対して，連結財務諸表の注記の1つであるセグメント情報のセグメント（segment）の語源は，以下のとおりです。

　seg（分ける）＋ment（〜こと）

　つまり「分けること」となり，切り分けたものを意味します。

　第10章で詳しく説明しますが，注記のセグメント情報は，連結財務諸表を何らかの視点で切り分けた情報です。語源のイメージどおりです。

　"consolidate"はまとめるイメージ，"segment"はバラバラにするイメージということで，連結財務諸表がその対極にあるセグメント情報により補完される関係も見えてきます。

第2章

なぜ連結決算が必要なのか

持株会社のB/S①
調達した資金を関係会社株式に投資

　なぜ連結決算が必要なのか。その答えは，純粋持株会社の決算書にあります。

　実際に，純粋持株会社の財務諸表を見てみましょう。図表11－1は，セブン＆アイ・ホールディングスの貸借対照表です。

■ 資産のほとんどが関係会社株式

　貸借対照表を見るときは，大きな数字から見ていきます。

　資産の中で最も大きいのは「関係会社株式」です。「関係会社株式」の金額は2兆3,821億円となっています。「資産合計」が2兆5,293億円なので，資産のほとんどがこれです。純粋持株会社なので当然といえば当然ですが，こうやって本物の貸借対照表を見ると実感がわきます。

　関係会社株式には，セブン-イレブン・ジャパンの株式とかが含まれているということね

■ シンプルな貸借対照表

　貸借対照表の右側にある負債と純資産についても見てみると，負債純資産合計の半分以上が「純資産」です。これに「短期借入金」と「社債」を加えれば，右側の9割以上の金額になります。

　以上から，この会社は，株主の出資に加えて，借入と社債で資金調達し，そのほとんどをグループ企業（関係会社株式）に投資していると読めるわけです。

　B/S項目を4つだけしか見ていないけど，純粋持株会社の場合は，それで読めちゃうわけか

図表11-1 セブン＆アイ・ホールディングスの貸借対照表

貸借対照表（令和3年2月28日現在）　　　　　　　　　　　　（単位：百万円）

科　　目	金　額	科　　目	金　額
（資産の部）		（負債の部）	
流　動　資　産	**44,237**	流　動　負　債	**605,194**
現　金　及　び　預　金	625	一年内償還予定の社債	66,917
前　払　費　用	1,017	短　期　借　入　金	482,000
未　収　入　金	31,353	関係会社短期借入金	32,006
未収還付法人税等	6,564	リ　ー　ス　債　務	3,732
関 係 会 社 預 け 金	3,504	未　　払　　金	16,571
そ　　の　　他	1,172	未　払　費　用	712
固　定　資　産	**2,484,446**	未 払 法 人 税 等	1,560
有 形 固 定 資 産	**7,278**	前　受　金	226
建 物 及 び 構 築 物	2,592	賞　与　引　当　金	555
器具備品及び運搬具	216	役 員 賞 与 引 当 金	49
土　　　地	2,712	そ　　の　　他	862
リ　ー　ス　資　産	370	固　定　負　債	**511,114**
建 設 仮 勘 定	1,385	社　債	460,000
無 形 固 定 資 産	**40,310**	関係会社長期借入金	9
ソ　フ　ト　ウ　エ　ア	8,268	リ　ー　ス　債　務	7,840
ソフトウエア仮勘定	21,859	株 式 給 付 引 当 金	2,414
リ　ー　ス　資　産	10,180	債 務 保 証 損 失 引 当 金	32,476
そ　　の　　他	2	子 会 社 預 り 金	2,992
投 資 そ の 他 の 資 産	**2,436,857**	長　期　預　り　金	2,149
投 資 有 価 証 券	36,326	繰 延 税 金 負 債	2,647
関 係 会 社 株 式	2,382,108	そ　　の　　他	583
前 払 年 金 費 用	1,362	負　債　合　計	**1,116,309**
長 期 差 入 保 証 金	3,868	（純資産の部）	
関係会社長期預け金	10,000	株　主　資　本	**1,401,971**
そ　　の　　他	3,190	資　本　金	**50,000**
繰　延　資　産	**652**	資　本　剰　余　金	**1,245,271**
社　債　発　行　費	652	資　本　準　備　金	875,496
		その他資本剰余金	369,774
		利　益　剰　余　金	**117,504**
		その他利益剰余金	117,504
		繰 越 利 益 剰 余 金	117,504
		自　己　株　式	**△10,804**
		評 価・換 算 差 額 等	**10,999**
		その他有価証券評価差額金	10,999
		新　株　予　約　権	**56**
		純　資　産　合　計	**1,413,027**
資　産　合　計	**2,529,336**	負　債　純　資　産　合　計	**2,529,336**

（出所：株式会社セブン＆アイ・ホールディングス第16回定時株主総会招集ご通知）

12 持株会社のB/S②
関係会社株式の中身はわからない

　図表12-1に，純粋持株会社の貸借対照表と連結貸借対照表の関係を簡単に示しました。

■ 中身が見えない貸借対照表

　P社は純粋持株会社で，資産の部は関係会社株式（子会社株式）のみとします。負債は0で，資本金がそのまま事業会社A，B，Cに投資されているとします。

　純粋持株会社は，おカネを右から左に流すためのパイプのようだ

　P社の貸借対照表からは，調達した資金を事業会社A，B，Cに投資したこと以外は何もわかりません。そこには，投資先の会社のビジネスや業績を知るための情報はほとんどないのです。資金の具体的な使途を知るには，投資先の各社の貸借対照表を見る必要があります。

　中身を調べるのに子会社3社分のB/Sを見なきゃいけないとは，手間がかかるわ。一度で済む方法はないかしら

■ 連結するという発想

　子会社の貸借対照表を見なければ資産の内訳がわからないというのは，大変不便です。子会社の数が少ないうちはまだしも，数が増えてくると，いずれ限界がきます。

　そこで，これらの貸借対照表を1表にまとめようという発想が出てくるのです。それが連結貸借対照表です。連結貸借対照表では，持株会社が調達して各事業会社に投下された資金について，その具体的な使途を一覧できます。

図表12-1　純粋持株会社の個別B/Sと連結B/S

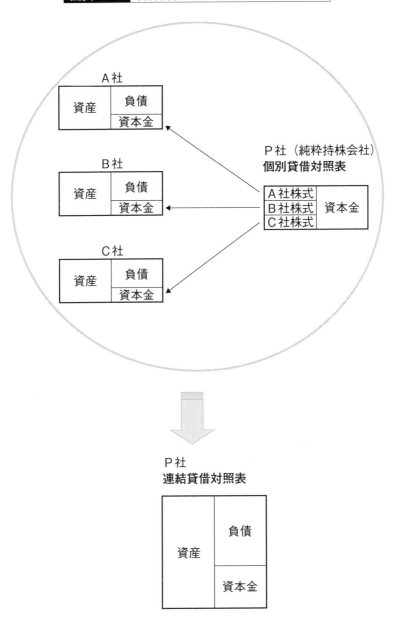

13 持株会社のP/L
収益の源泉が見えない

　図表13-1はセブン＆アイ・ホールディングスの損益計算書です。純粋持株会社の損益計算書の実例として，簡単に見ておきましょう。

■ 収入のほとんどが配当金

　損益計算書は，まず一番下の数字を見ます。「当期純利益」です。黒字か赤字かを最初に確認するためです。

　次に，損益計算書の中で最も大きな数字を探します。「営業収益」です。1,639億円あります。内訳を見ると，その中で一番大きい項目は「受取配当金収入」です。1,565億円なので，営業収入のほとんどがこれだとわかります。

　　　まあ，予想どおりの内容だね

■ 肝心なところが見えない損益計算書

　費用項目のほうも大きな数字だけチェックしておきましょう。目立つのは，一般管理費と関係会社株式評価損です。この2つで約1,000億円になります。

　以上から，セブン＆アイ・ホールディングスは，セブン＆アイグループの各社から吸い上げた配当金の一部を一般管理費に充当し，グループ会社の株式の評価が下がったことにより損もしたけれど，最終的に640億円の黒字になったことがわかります。

　　　各社が親会社に払った配当は，そもそもどうやって稼いだものなのかが知りたいけど，これではわからないわね

　純粋持株会社の損益計算書も，貸借対照表同様に，肝心なところが見えてきません。傘下のグループ会社たちが，どのような事業からどれだけ稼いできたのかが，まったく見えないのです。そこでやはり，連結損益計算書を作ってみようという発想に行き着くのです。

図表13-1　セブン＆アイ・ホールディングスの損益計算書

損益計算書 （令和2年3月1日から
令和3年2月28日まで）

（単位：百万円）

科　　目	金　　額	
営　業　収　益		
受　取　配　当　金　収　入	156,582	
経　営　管　理　料　収　入	4,858	
業　務　受　託　料　収　入	2,390	
そ　　　　の　　　　他	108	163,940
一　般　管　理　費		35,699
営　　業　　利　　益		**128,241**
営　業　外　収　益		
受　　取　　利　　息	509	
受　取　配　当　金	347	
為　　替　　差　　益	523	
そ　　　　の　　　　他	87	1,467
営　業　外　費　用		
支　　払　　利　　息	250	
社　　債　　利　　息	1,105	
そ　　　　の　　　　他	318	1,674
経　　常　　利　　益		**128,034**
特　別　損　失		
固　定　資　産　廃　棄　損	14	
減　　損　　損　　失	7	
関　係　会　社　株　式　評　価　損	65,456	
債　務　保　証　損　失　引　当　金　繰　入　額	632	
新型コロナウイルス感染症による損失	110	
そ　　　　の　　　　他	450	66,671
税　引　前　当　期　純　利　益		**61,362**
法　人　税，住　民　税　及　び　事　業　税	△5,346	
法　人　税　等　調　整　額	2,611	△2,734
当　　期　　純　　利　　益		**64,096**

（出所：株式会社セブン＆アイ・ホールディングス第16回定時株主総会招集ご通知）

14 個別決算の限界
企業間比較ができない

　純粋持株会社の財務諸表の利用価値が低いことは，企業間比較をすると顕著に表れます。図表14 - 1は，セブン＆アイ・ホールディングスと小田急電鉄の営業収益を個別ベースで比較したものです。

■ 個別では事業持株会社の存在感が増す

　個別ベースでは，セブン＆アイ・ホールディングスと小田急電鉄の営業収益は，どちらが圧倒的に大きいということもなく，いい勝負にみえます。しかし，本当にそうでしょうか。

　セブン＆アイ・ホールディングスの営業収益は，図表13 - 1のとおり，受取配当金収入のほか，経営管理料収入や業務受託料収入等です。このグループの本業である小売業としての収入は含まれていません。これに対して小田急電鉄は，鉄道事業の旅客運輸収入のほか不動産事業の賃貸収入もあります。

　図表14 - 1では，これらを同列に比較しています。2つの企業の財務数値を比較するときに，一方が純粋持株会社，一方が事業持株会社であると，自ら事業を手掛けている事業持株会社のほうが，存在感が強く出ます。このような比較に意味があるかどうか，考えなければなりません。

　　この比較はナンセンスかもしれないね

■ 個別財務諸表での企業間比較は困難

　日本では現在，純粋持株会社と事業持株会社の2つの企業グループ形態が混在しています。その前提で企業間比較を行うなら，個別ベースの財務数値を使うことでは公平な比較が難しいといえます。

　　一方が○○ホールディングスという会社名の場合は，個別決算での単純比較は難しそうね

図表14-1 セブン＆アイ・ホールディングスと小田急電鉄の比較（個別）

セブン＆アイ・ホールディングスと小田急電鉄の営業収益（個別）

（単位：百万円）

	2017年	2018年	2019年	2020年	2021年
セブン＆アイ・ホールディングス	217,860	114,665	120,072	115,843	163,940
小田急電鉄	166,445	169,556	173,901	172,081	114,366

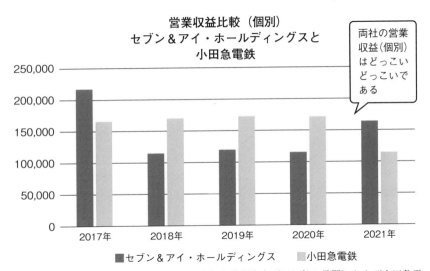

（出所：セブン＆アイ・ホールディングス有価証券報告書（2021年2月期）および小田急電鉄有価証券報告書（2021年3月期）により筆者作成）

15

連結の利点
あらゆる企業グループの比較分析が可能

　なぜ連結決算が必要なのかがわかってきたと思います。2種類の持株会社が混在しているので，連結ベースでしか企業間比較ができないということです。

　確認の意味で，セブン＆アイ・ホールディングスと小田急電鉄の営業収益を，連結ベースで比較してみます。

■ 事業展開の実態を表す連結

　図表15-1のとおり，セブン＆アイ・ホールディングスは，小田急電鉄に比べると，圧倒的に営業収益が大きいです。これはおそらく，皆さんの感覚とも合っているでしょう。

　小田急グループは，首都圏を走る小田急線と，その沿線に配した小田急百貨店や不動産ビジネスを中心とした事業で，東京と神奈川が主たる商圏です。一方，セブン＆アイグループは，日本全国にセブン-イレブンのお店が展開しているだけでなく，イトーヨーカ堂等もあり，そもそものブランド発祥地である米国にもセブン-イレブンがあります。展開の規模がまったく違うわけです。

　最近では，セブン＆アイグループが米国の有力コンビニチェーンを買収したとかで，ますます大きくなりそう

■ 持株形態を気にせずに比較分析

　図表15-1は，こうした経営の実態をよく反映しているといえます。つまり，純粋持株会社であれ事業持株会社であれ，連結ベースの数値というのは同列に比較可能なのです。

　持株会社の種類がどちらであろうと自由に比較できるね

図表15-1　セブン＆アイと小田急の連結ベース比較

セブン＆アイ・ホールディングスと小田急電鉄の営業収益（連結）

（単位：百万円）

	2017年	2018年	2019年	2020年	2021年
セブン＆アイ・ ホールディングス	5,835,689	6,037,815	6,791,215	6,644,359	5,766,718
小田急電鉄	523,031	524,660	526,675	534,132	385,978

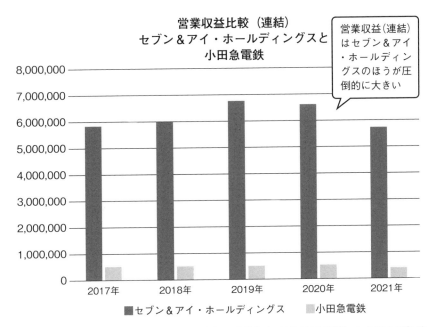

（出所：セブン＆アイ・ホールディングス有価証券報告書（2021年2月期）および小田急電鉄有価証券報告書（2021年3月期）により筆者作成）

16 上場企業の連単倍率分析
年々拡大しているグループ経営

　純粋持株会社の存在が連結決算の必要性につながっていることがわかりましたが，連結決算が求められる背景はそれだけではありません。そもそも企業のグループ経営が拡大してきているのです。

■ 連単倍率が上昇している

　図表16-1は，日本の上場会社の売上高と使用総資本（≒総資産）について，連単倍率を折れ線グラフで表したものです。

　このグラフの元データでは，純粋持株会社が対象から除外されているとのことなので，純粋持株会社以外の上場会社について，連単倍率を集計した結果と解されます。

　純粋持株会社の連単倍率は異常に高くなるから，それらを除外しているということだね

　以上の前提によりグラフを見てみると，上場会社（純粋持株会社を除く）の連単倍率が年々上昇していることがわかります。

■ 連結グループの規模は単体の2倍が目標か

　売上高は会社の販売規模を，使用総資本は会社の資金規模を示すので，そのいずれについても連単倍率が上昇しているということは，企業の活動が，営業面でも資金面でも，子会社において顕著に拡大しているということがわかります。

　直近の値で見ると，営業面でも資金面でも，連結グループの規模は，単体の約2倍です。

　小田急電鉄の営業収益の連単倍率は約3倍だったから，上場会社の平均を上回るレベルで，グループが活性化しているということになるわね

図表16-1　上場会社の連単倍率の推移

（単位：倍）

	2008	2009	2010	2011	2012	2013	2014	2015	2016	2017	2018
売上高の連単倍率	1.82	1.92	1.91	1.90	1.93	2.02	2.09	2.15	2.15	2.20	2.30
使用総資本の連単倍率	1.77	1.77	1.77	1.77	1.84	1.93	2.00	1.97	1.98	2.01	2.03

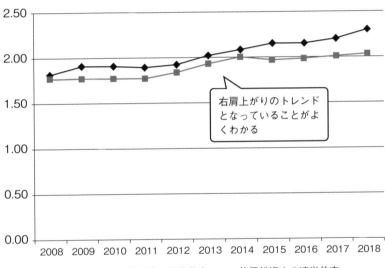

上場会社の連単倍率の推移

右肩上がりのトレンドとなっていることがよくわかる

◆ 売上高の連単倍率　■ 使用総資本の連単倍率

（出所：日本政策投資銀行編『産業別財務データハンドブック〈2019〉』のデータにより筆者作成）

17 子会社から見たグループの規模
個別決算から連結決算を連想することができない

　グループ経営の拡大について，純粋持株会社のほうでも確認しておき
ましょう。といっても連単比較ではありません。連結グループの規模と
連結グループの中核となっている会社の規模を比較するというものです。

■ 連結に遠く及ばない子会社単体

　図表17−1は，セブン＆アイ・ホールディングスの営業収益（連結）
とセブン−イレブン・ジャパンの営業収益（個別）を比較したグラフで
す。セブン−イレブン・ジャパンはセブン＆アイ・ホールディングスの
中核子会社の1つなので，そういった会社が連結グループ全体から見て，
どの程度の規模なのかを確認できます。グラフから明らかですが，セブ
ン−イレブン・ジャパンの規模は連結の規模に遠く及びません。セブン−
イレブン・ジャパンの決算だけを見て，セブン＆アイ・ホールディング
スの連結決算を推定することはまず無理だというわけです。

　連結を見ないと全体像を見誤ることになるな

■ フランチャイズ料と店舗販売高

　なお，セブン−イレブン・ジャパンの営業収益については，コンビニ
の店舗での売上がそのまま計上されるわけではないため，連結営業収益
に占める比率が抑えられます。セブン−イレブン・ジャパンの営業収益
は，店舗の売上総利益をベースとするフランチャイズ料がほとんどです。

　セブン−イレブン・ジャパンの営業収益を見ても，コンビニの
　売上規模はつかめないわ

　参考までに，セブン−イレブン・ジャパンの営業収益を店舗の販売高
ベースに直すと，4兆8,706億円になります（2021年2月期）。それでも，
セブン＆アイ・ホールディングスの営業収益（連結）5兆7,667億円に
は届きません。

図表17-1 連結と連結子会社（個別）の比較

セブン＆アイ・ホールディングスとセブン-イレブン・ジャパンの営業収益

（単位：百万円）

	2017年2月期	2018年2月期	2019年2月期	2020年2月期	2021年2月期
セブン＆アイ・ホールディングス（連結）	5,835,689	6,037,815	6,791,215	6,644,359	5,766,718
セブン-イレブン・ジャパン（個別）	833,743	849,862	873,555	887,625	850,291
連結に占める割合（％）	14%	14%	13%	13%	15%

> セブン-イレブン・ジャパンの営業収益が連結グループに占める割合は10%台でしかない

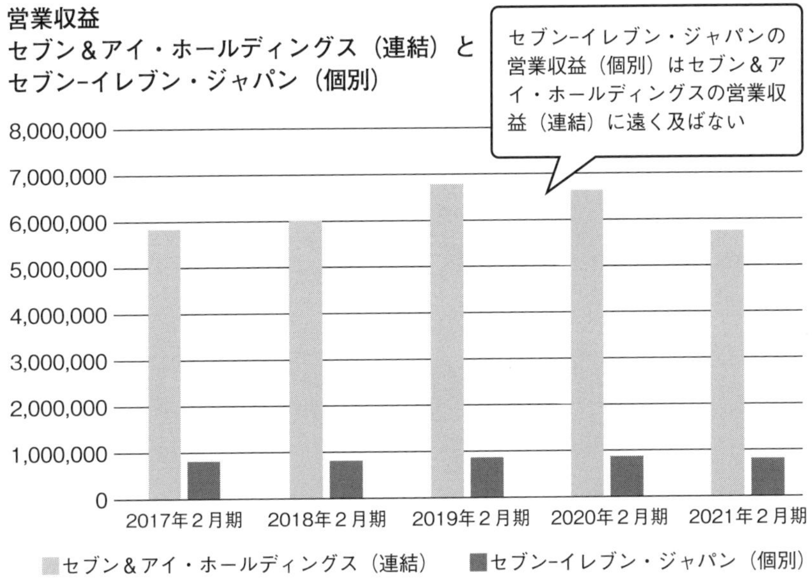

営業収益
セブン＆アイ・ホールディングス（連結）とセブン-イレブン・ジャパン（個別）

> セブン-イレブン・ジャパンの営業収益（個別）はセブン＆アイ・ホールディングスの営業収益（連結）に遠く及ばない

（出所：セブン＆アイ・ホールディングス有価証券報告書（2017年2月期～2021年2月期）により筆者作成）

18

グループ内の相乗効果
コンビニのATMとおにぎりの関係

　連結決算では，グループ内の相乗効果が決算書で表現できます。これも連結決算が必要とされる理由の1つです。

■ セブン-イレブンのATMはセブン銀行のもの

　セブン-イレブンの店舗にはATMが置いてあります。あのATMは，同じセブン＆アイグループに属するセブン銀行の所有物です。セブン銀行がセブン-イレブン・ジャパンにおカネを払って置かせてもらっています。

　セブン-イレブンに来店したお客さんが，よその銀行のキャッシュカードを使って，そのATMからおカネを引き出すと，回りまわって，その銀行からセブン銀行に手数料が入る仕組みです。

 　コンビニと非常に相性のいいビジネスモデルだね

■ コンビニとATMを一体で捉える

　ATMでおカネを引き出す目的で来店したお客さんが，ついでにおにぎりを買ったとしたら，これはグループの相乗効果です。ATMのおかげでおにぎりが売れたともいえます。

　しかし個別決算では，セブン-イレブン・ジャパンとセブン銀行は，それぞれ自社に関わる部分を会計処理するだけで，この相乗効果は個別決算には表れません。

　一方，連結決算ではこれが表現可能になります。図表18-1のように，セブン-イレブン・ジャパンとセブン銀行をひとまとめにすれば，セブン＆アイグループとして稼いだ収入とかかったコストにより利益が計算されます。コンビニ事業とATM事業を合わせた結果がわかります。

 　利用者から見れば，コンビニとATMは一体だから，連結決算はその視点に近いということですね

図表18-1　ATMの収入とコスト

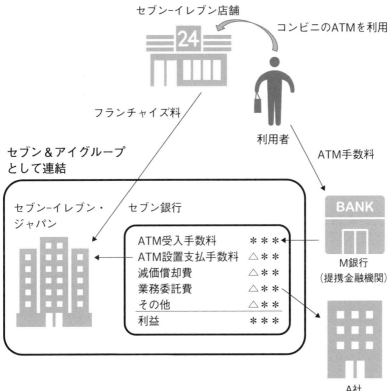

22年間耐え忍んだ連結会計制度

　日本では，2000年3月期から，上場会社の決算が連結決算中心に変わりました。それまでは個別決算が主役であり，連結決算書も作成されてはいましたが，参考資料として扱われていたのです。

　日本企業に連結財務諸表が導入されたのは1978年3月期のことです。実に22年間，連結決算制度はわき役に甘んじてきたことになります。一体なぜ，こんなに長くの間，不当な扱いを受けてきたのでしょうか。

　実は，その理由は，本章で取り上げた純粋持株会社と大いに関係しています。それは連結会計の歴史を見ても明らかです。今から100年以上前のこと，連結会計発祥の地であるアメリカでも，持株会社（純粋持株会社）の設立が広まる動きに合わせて，連結会計が普及しました。

　純粋持株会社が登場すると，連結会計が必要になります。これがポイントです。日本では，1997年に独占禁止法が改正され，純粋持株会社が解禁されました。続いて1999年の商法の改正により，株式交換と株式移転の制度が導入され，純粋持株会社を設立する環境が整いました。2000年3月期からの連結中心主義への移行は，この流れを受けてのものです。

　日本における連結決算制度は，子会社を使った不正の横行や経営の多角化・国際化の進展を背景に導入されたと説明されることが多いのですが，連結決算が定着した最大の理由は，純粋持株会社が広まったことにあるといえます。

第3章

連結される会社とは

19 子会社の定義
支配関係の有無により連結対象子会社を判定

連結財務諸表では，原則として子会社はすべて連結されます。では，子会社とはどのような会社をいうのでしょうか。

■ 子会社判定の基本は議決権比率

図表19 - 1に子会社の判定方法を図式化しました。

条件①から③の３つの条件があり，条件①の違いにより３つのケースに分けられます。

条件①は他の企業の議決権をどの程度所有しているかという議決権比率の条件で，自社だけで50％超を所有している場合は，それだけで子会社となります。自社が40％以上50％以下を所有している場合は，一定の要件を満たせば子会社となり，自社が40％未満を所有している場合は，緊密な関係者等と合わせて50％超になることに加えて，一定の要件を満たす場合に子会社となります。

 自社の議決権比率が低いほど，他の条件も求められるということだな

■ 連結の範囲に含まれない子会社

図表19 - 1の判定の結果，子会社となった場合は原則として連結対象になりますが，一時的に支配しているにすぎない企業等は除かれます。また，重要性の乏しい子会社については，連結の範囲に含めないことができます。

なお，他の企業の意思決定機関を支配していないことが明らかであると認められる企業等は，図表19 - 1の判定にかかわらず，子会社に該当しません。

 要するに，支配関係が認められるかどうかが，連結の範囲に含まれるかどうかのポイントということね

図表19-1　子会社の判定方法（概要）

条件①	議決権の50%超を所有	議決権の40%以上50%以下を所有	議決権の0%以上40%未満を所有
条件②		一定の要件（＊1）に該当	緊密な関係者や議決権行使同意者と合わせて50%超を所有
条件③			一定の要件（＊2）に該当

原則的に子会社（例外規定あり）

（＊1）次のいずれかの要件に該当すること
　ⅰ　緊密な関係者および議決権行使同意者と合わせて，他の企業の議決権の過半数を占める
　ⅱ　役員，使用人等が他の企業の取締役会等の過半数を占める
　ⅲ　他の企業の重要な経営方針の決定を支配する契約等が存在する
　ⅳ　他の企業の資金調達額の過半について融資等を行っている
　ⅴ　意思決定機関を支配していることが推測されるその他の事実が存在する
（＊2）上記（＊1）のⅱからⅴまでのいずれかの要件に該当すること

　緊密な関係者は「自己と出資，人事，資金，技術，取引等において緊密な関係があることにより自己の意思と同一の内容の議決権を行使すると認められる者」のこと，議決権行使同意者は「自己の意思と同一の内容の議決権を行使することに同意している者」のことをいう。

20

連結子会社判定の実例
議決権の40%以上50%以下を所有するケース

　事例を使って，子会社の判定を行ってみましょう。図表20‐1は，セブン銀行がセブン＆アイ・ホールディングスの子会社に該当するかどうかの判定方法を図式化したものです。矢印の数字は議決権比率です。

■ まず議決権比率を見る

　セブン＆アイ・ホールディングスはセブン‐イレブン・ジャパン等の3つの100％子会社を通して，セブン銀行の株式を所有しています。その合計は46.25％（セブン＆アイ・ホールディングスの2021年2月期有価証券報告書では46.4％であり，正式にはこちらで判定する）であり，子会社判定の条件①の「議決権の40％以上50％以下を所有」するケースに該当します。このケースの場合，条件②も満たせば子会社であると判定されます。

　条件②は，「一定の要件に該当」するかどうかというもので，図表19‐1の（＊1）のⅰからⅴのいずれかに該当するかどうかというものです。これは当事者でなければわからない部分が多いので，公表されている資料からの推測になりますが，セブン銀行の場合はおそらく「ⅲ 他の企業の重要な経営方針の決定を支配する契約等が存在する」が該当するのではないかとみられます。

　判定の詳細を開示する義務はないから，どこにも出ていないわね

■ ATM設置は「経営上の重要な契約」

　図表18‐1にあるとおり，セブン銀行はセブン＆アイ・ホールディングスにATM設置支払手数料を払っています。この取引については，セブン銀行の有価証券報告書（2021年3月期）の「経営上の重要な契約等」において，契約の概要が記載されています。セブン銀行は，国内ATM設置台数のうち，87％をセブン‐イレブン店舗に置いているので

図表20−1 　セブン銀行の子会社判定

```
        セブン＆アイ・ホールディングス
         │           │            │
        100%        100%         100%
         ▼           ▼            ▼
セブン-イレブン・ジャパン  イトーヨーカ堂   ヨークベニマル
```

38.46%　　　　3.98%　　　　3.81%

計　46.25%

```
            セブン銀行
```

子会社判定の条件

条件①	議決権の50％超を所有	議決権の40％以上50％以下を所有	議決権の０％以上40％未満を所有
条件②		一定の要件に該当	緊密な関係者や議決権行使同意者と合わせて50％超を所有
条件③			一定の要件に該当

（出所：セブン銀行2021年３月期有価証券報告書およびセブン＆アイ・ホールディングス2021年２月期有価証券報告書により推定のうえ，筆者作成）

（下記＊），これが上記ⅲに該当するのではないでしょうか。子会社判定の大まかな流れは，このようになります。

 セブン銀行という社名からして，子会社だとわかるけどな

＊2021年２月現在，国内ATM設置台数25,686台，うちセブン-イレブン内設置22,417台より計算。台数データの出所は，「セブン＆アイ・ホールディングス2021年２月期　決算補足資料（21/7/1更新）」（https://www.7andi.com/ir/library/kh/202102.html）。

21

連結グループの入れ子構造
連結グループの中にもう１つ連結グループがある

　連結グループの中にもう１つ連結グループが存在していることがあります。

■ 子会社上場による連結グループの入れ子構造

　図表21－1はセブン＆アイグループの概略図です。実線の矢印は出資関係を示します。セブン銀行はセブン＆アイ・ホールディングスの連結グループに含まれますが，そのセブン銀行も自ら連結グループを形成しています。連結グループが入れ子構造になっているのです。１つの企業グループの中で，連結財務諸表を２つも作らなければいけないとは大変ですが，セブン＆アイ・ホールディングスもセブン銀行も上場会社であるため，それぞれ連結財務諸表を作成しなければならないのです。

 　上場会社の子会社が上場されていると，こうなるはずだね

■ 親会社株主を意識している連結決算

　この事実から，連結財務諸表の本質が見えてきます。それは，連結財務諸表は連結財務諸表作成会社の株主を意識して作られるということです。

　セブン銀行の株主はセブン＆アイグループの外にもいますが，特にそのような株主はセブン銀行グループとしての決算に関心を持っているため，セブン銀行の連結財務諸表を要求します。

　一方，セブン＆アイ・ホールディングスは，連結財務諸表の中で金融事業に係る損益も公表していますが，その数値はセブン銀行の連結ベースの業績とは異なります。それはセブン＆アイ・ホールディングスの株主を意識した数字だからです。

 　連結P/Lの末尾が親会社株主に帰属する当期純利益になっているのは，そういう意味があるのね

図表21-1 連結グループの入れ子構造の例

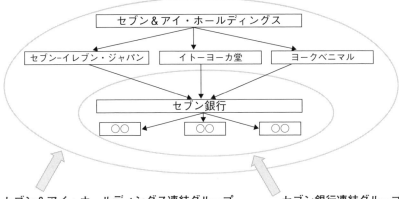

セブン＆アイ・ホールディングス連結グループ　　セブン銀行連結グループ

（注）イメージ図のため，グループの企業数やぶら下がり方は実際と異なります。

セブン＆アイ・ホールディングスの金融事業の損益（セグメント情報）

2021年2月期

営業収益	198,927百万円
セグメント利益	48,077百万円

（出所：セブン＆アイ・ホールディングス有価証券報告書（2021年2月期））

セブン銀行の損益（連結）

2021年3月期

経常収益	137,267百万円
経常利益	35,640百万円

（出所：セブン銀行有価証券報告書（2021年3月期））

22 子会社とならないケース
間接所有の実質を見極めた判定

　子会社とはならないケースについても説明します。図表22－1は，架空の例ですが，A社がP社の子会社とならない例を図示したものです。

■ 間接所有を含めて100％所有している例

　まず議決権比率を確認します。P社はA社の議決権の30％を所有しています。したがって，子会社判定の条件①「議決権の0％以上40％未満を所有」に該当します。この場合，条件②と③もクリアしなければ子会社となりません。

　条件②は，「緊密な関係者や議決権行使同意者と合わせて50％超を所有」しているかどうかです。これはP社とX社を合わせて考えます。X社については，P社が27％の議決権を所有していることにより，ここでは緊密な関係者に該当すると考えることにします。そうすると，P社はX社と合わせてA社の議決権を100％所有しており，条件②を満たします。条件③については満たされているものとします。

 　何か事情があって株式を持ってもらっている例ということかな

■ 子会社判定は実質重視

　A社は3つの条件をすべて満たすため，P社の子会社と判定されそうですが，実は違います。前述しましたが，他の企業の意思決定機関を支配していないことが明らかであると認められる企業は，上記の判定にかかわらず，子会社に該当しないのです。A社については，議決権の70％を所有するX社があり，そのX社も議決権の73％をY社が所有しています。つまり，他に明らかな親会社（X社またはY社）が存在しているため，P社はA社の親会社にはなりえないのです。

 　実質重視で判定するということですね

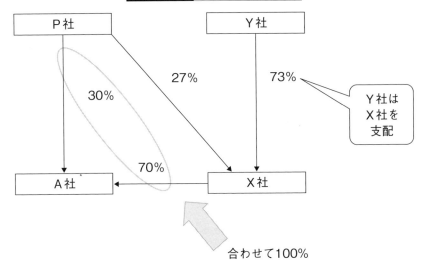

図表22-1　A社の子会社判定

子会社判定の条件

条件①	議決権の50％超を所有	議決権の40％以上50％以下を所有	議決権の０％以上40％未満を所有
条件②		一定の要件に該当	緊密な関係者や議決権行使同意者と合わせて50％超を所有
条件③			一定の要件に該当

23

親子間の数字のダブリ
単純合算と連結の違いはどこにあるか

　連結財務諸表が，基本的に資本関係のある会社の財務諸表をまとめることで作成される決算書であることがわかりました。次は，まとめるにあたっての留意点です。

■ 原始的な連結損益計算書のイメージ

　図表23−1は，P社が子会社3社（S1社，S2社，S3社）を連結して，連結損益計算書を作成するイメージです。P社および子会社3社は，商品販売を行っており，各社が特定の販売地域を担当しています。

　この場合，P社グループ全体の販売額を把握するには，4社の損益計算書を単純に足し合わせればよいわけです。その数字が，連結損益計算書の数値となります。

　各地域の売上高を足し合わせれば，全国ベースの売上高になるんだな

■ 親子間の出資は数字のダブリの典型

　図表23−2は，同じP社グループについて，連結貸借対照表を作成するイメージです。こちらも4社を単純に合算すればよいかというと，実はそうではありません。P社が子会社3社に出資しているからです。

　P社が出資した額は，各子会社では資本金に計上されています。単純に合算すると，出資額と資本金の額が極端に積み上がります。

　実はこれ，本書の冒頭で述べた数字のダブリがあるのです。それを消去しなければ連結数値にはなりません。数字のダブリは，親子間の出資取引以外でも発生します。図表23−1は数字のダブリがないケースでしたが，損益計算書項目でも数字のダブリは発生します。

　数字のダブリをどうやって消去するかがポイントね

図表23-1 P/Lの単純合算は連結か

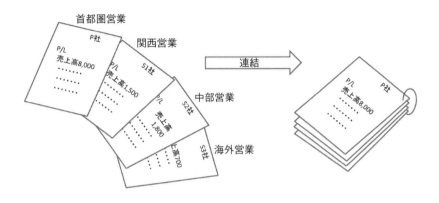

図表23-2 B/Sの単純合算は連結か

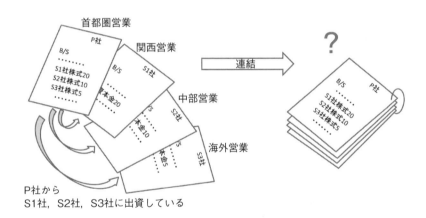

P社から
S1社，S2社，S3社に出資している

24

連結精算表とは
個別の合算から連結までの道のりを可視化する

　親子会社の財務諸表を合算・消去し，連結財務諸表を作成するプロセスを可視化します。

■ 連結精算表の記入方法

　図表24－1は，連結精算表の構造を簡単に示したものです。連結精算表とは，実務において，連結財務諸表を作成するときに使用するワークシートです。

　まず，親会社と子会社の個別数値を，1社1列で記入していきます。ここでは子会社を3社として作成していますが，もっと多い場合は，S3社の列の右横に欄を追加すればよいのです。すべて記入し終えたら，「単純合算」欄に合計値を記入します。そして，「連結消去」欄が，数字のダブりを消去する欄です。数字のダブりがないケースでは，ここは0で構いません。図表24－1では，科目は売上高と売上原価しかなく，その差額を利益としていますが，これは単純化しているためであって，実際には貸借対照表科目も含めてすべての科目を設けます。

　そうやってできた右端の数字が連結数値ということか

■ 連結会計のきほん式は連結精算表だった

　連結財務諸表の概論は本章で終わり，次章からは連結手続の各論に入ります。概論の最後に，第1章の冒頭に掲載した連結会計のきほん式をもう一度見ておきましょう。図表24－2です。

　図表24－2を図表24－1と見比べてください。基本構造が同じだということに気づいたでしょうか。親会社と子会社を足し合わせて，ダブりを消去する。つまり，この式は連結精算表を示していたのです。

　ハンバーガーの話にすべてが包含されるということね

図表24-1 連結精算表のイメージ

科目	P社 （親会社）	S1社 （子会社）	S2社 （子会社）	S3社 （子会社）	単純合算	連結消去	連結
売上高	8,000	1,500	1,800	700	12,000	−2,000	10,000
売上原価	3,000	1,000	1,200	500	5,700	−2,000	3,700
利益	5,000	500	600	200	6,300	0	6,300

数字のダブリ（ここ
では仮に，2,000の
ダブリがあるとして
いる）

図表24-2 連結会計のきほん式と連結精算表の関係

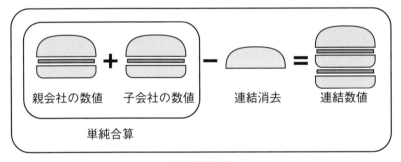

連結精算表

どうして子会社の定義は厳格なのか

　子会社という用語は一般的によく使われます。たとえば，「子会社に出向となりました」といった使われ方をしますが，この場合の「子会社」は，議決権比率等の条件を確認したうえで使われているわけではありません。もしかしたら連結会計上の子会社に該当しないかもしれませんが，それでも日常会話では問題にならないのです。

　２社が50％ずつ出資して設立した合弁会社は，その手の会社の１つかもしれません。お互いに経営の主導権を取れなければ，どちらの子会社にもならないのですが，日常会話では，いずれかの企業の子会社と表現していることはよくあります。

　では，なぜ，連結会計において子会社の厳格な定義があるのでしょうか。

　それは連結決算の弱点がそこにあるからです。連結対象とする子会社の範囲を親会社の任意で決定できるようにすると，利益操作できてしまうのです。

　これまで連結対象としてきた子会社が赤字に転落したとします。親会社がその会社を連結対象から外せば，連結決算で足を引っ張られずに済みます。そのようなことが行われないように，子会社の定義をきちんと定め，子会社は原則として連結するルールになっているのです。

　連結決算というのは，子会社への架空売上等，子会社を使った親会社個別財務諸表の利益操作と無縁であるため，決算の透明性が高いといわれます。しかし，連結決算には連結範囲の操作という連結特有の粉飾手法があり，連結決算のアキレス腱になっています。

第4章

取引を消去する

25
親子間の取引は内部取引
連結グループという枠で考える

親子間の取引のダブりを消去する手続について説明していきます。

■取引の概要

メロンの仕入・販売を行う親会社と子会社の2社からなる企業グループがあります。

親会社，子会社のそれぞれがメロンを仕入れては外販していますが，一部，親会社が仕入れたメロンを子会社に卸して，それを子会社が外販しています。図表25-1にその概要を示しました。

 親会社は売上8,000円（6,200円＋1,800円）で仕入5,000円だから利益は3,000円だな。同様に子会社の利益は2,000円か

このようなケースにおいて，連結時の処理はどうなるでしょうか。

■余分なものは内部取引

ここでまずやるべきことは，図表25-1に連結グループの枠を書き足すことです。親会社と子会社の2つをまとめて枠で囲ってください。そうすると図表25-2のようになります。

連結財務諸表というのは，この連結グループの枠を1つの会社のごとく捉えた決算書です。したがって，この枠をまたいで行われた取引が連結財務諸表に載ってきます。それが目指すべき姿（連結財務諸表）ということです。親会社と子会社の数字を合算して，その目指すべき姿にするためには，余分なものが出てきます。それは，連結グループの枠内で行われている親子間の取引です。

 枠内にある矢印がそれね

これを内部取引といいます。この内部取引を消去するのが「取引の消去」です。

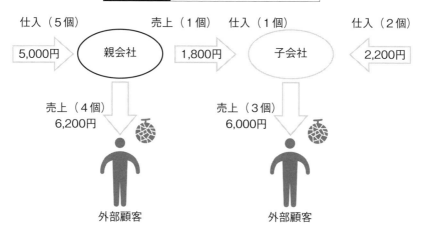

図表25 - 1　取引の概要（取引の消去）

仕入（5個）　　　　売上（1個）　仕入（1個）　　　　仕入（2個）

5,000円　親会社　1,800円　子会社　2,200円

売上（4個）　　　　　　売上（3個）
6,200円　　　　　　　　6,000円

外部顧客　　　　　　　　　外部顧客

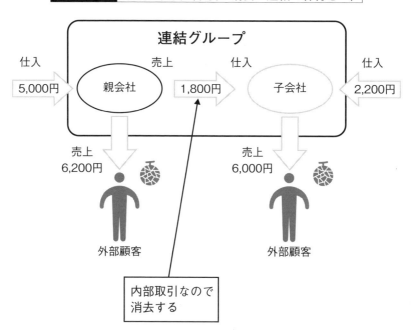

図表25 - 2　取引の概要（取引の消去〜連結の枠付き〜）

連結グループ

仕入　　　　　　売上　　　　　仕入　　　　　　仕入

5,000円　親会社　1,800円　子会社　2,200円

売上　　　　　　　　　売上
6,200円　　　　　　　　6,000円

外部顧客　　　　　　　　　外部顧客

内部取引なので
消去する

26

売上・売上原価の消去
子会社への売上高と親会社からの仕入を消去

　図表25-2の理解を前提に，簡易な連結精算表に数字を落とし込んで，連結数値を求めてみます。

■ 簡易精算表への記入

　図表26-1は簡易な連結精算表です。連結精算表は，連結財務諸表の全科目を一覧できる形式で作成されますが，ここでは売上高と売上原価のみを抜き出した形としています。

　本物の連結精算表は，タテにもヨコにも大きなワークシートですよね

　簡易精算表の左側から見ていきます。まず当該2科目について，親会社の個別数値，子会社の個別数値を記入します。図表25-2で見たとおりの金額です。そして，それらを単に合計した数値として，「単純合算」を記載します。

■ 内部取引を消去して連結

　ここまでは問題ないと思います。問題は次の欄，「連結消去」です。ここに内部取引の金額を記入します。そうすることにより余分なものが消去され，連結数値ができ上がります。

　親会社の売上高には，子会社への売上が含まれています。同様に，子会社の売上原価には，親会社からの仕入が含まれています。図表25-2で見たように，その額はいずれも1,800円です。これが内部取引です。

　これを「連結消去」欄に負数で記入しますが，留意点があります。2つの科目について決算書上の分類を確認し，決算書の左と右のバランスを崩さないように消去をするという点です。詳しくは次項で説明していきます。

　連結消去後の結果を確認しておきましょう。一番右の「連結」欄です。

図表26-1　簡易精算表（取引の消去）

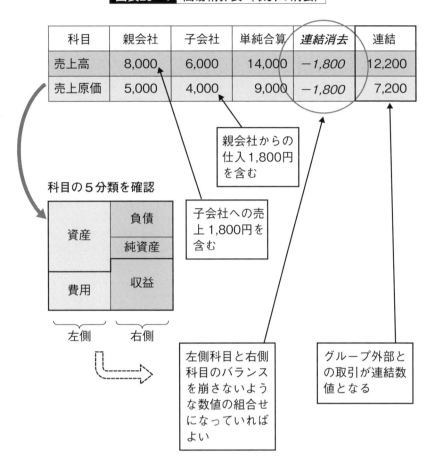

科目	親会社	子会社	単純合算	*連結消去*	連結
売上高	8,000	6,000	14,000	*−1,800*	12,200
売上原価	5,000	4,000	9,000	*−1,800*	7,200

親会社からの
仕入1,800円
を含む

科目の５分類を確認

子会社への売
上1,800円を
含む

左側科目と右側
科目のバランス
を崩さないよう
な数値の組合せ
になっていれば
よい

グループ外部と
の取引が連結数
値となる

売上高は12,200円で，図表25-2で連結グループの枠をまたいで外部に
売り上げた金額と一致しています。また，売上原価は7,200円であり，
同じく図表25-2で連結グループの枠をまたいで外部から仕入れた金額
と一致しています。

　間違いなく，目指すべき姿になってるね

27

連結消去時のルール
決算書の左右の釣合いを崩してはならない

　連結消去時のルールを説明します。消去により決算書のバランスが崩れないようにすることがポイントです。

■ B/SとP/Lのイメージ

　図表27 - 1 はB/S（貸借対照表の通称）とP/L（損益計算書の通称）の簡単なイメージです。

　B/Sは会社の財政状態を示すので，右側に資金調達の源泉として負債と純資産があり，左側に資金の使途として資産が示されます。用意したおカネ（右側）とその使い道（左側）なので，右と左が同額になります。なお，純資産の中に当期純利益が含まれていることも確認してください。

　　当期純利益がB/Sに載っているのは，稼いだお金を再投資するイメージだな

　P/Lは会社の業績を示すので，収益と費用があって，その差額が当期純利益であることを示しています。

■ 左右のバランスを保つ

　B/SとP/Lに表示されている当期純利益は同額になるので，この部分に食い込ませるようにB/SとP/Lを組み合わせたのが図表27 - 2 です。パズルのピースがかみ合うようなイメージです。したがって，図表27 - 2の左側合計と右側合計は常に同額になります。

　連結財務諸表を作成するときに基礎となる各社の個別財務諸表は，すべてこのルールに則って作られています。そして，連結財務諸表も決算書である以上，このルールに従ったものでなければなりません。連結消去の手続でこのバランスが崩れるようなことがあってはならないのです。

　　ということは，左を減らしたら右も減らす，もしくは左の別の科目を増やす，といった感じで連結消去すればいいわけね

図表27－1　B/SとP/Lのイメージ

B/S

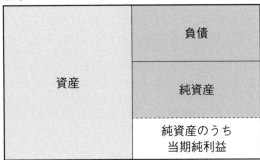

P/L

図表27－2　B/Sと P/Lを合わせたイメージ

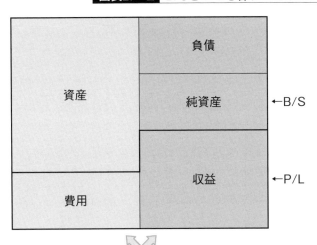

左側の合計と右側の合計は同額になる

28

債権債務の消去
内部取引に係る債権債務も消去する

　親子間の売掛金・買掛金がある場合について説明します。メロンの販売の例に関して、期末日時点の状態を示したのが図表28－1です。

■ 内部取引に係る債権債務を消去

　図表28－1でご覧いただきたいところは、（　）書きの金額です。この金額は期末日時点において、代金の決済が未了のものを示しています。つまり、販売側であれば売掛金、仕入側であれば買掛金の残高です。

　連結手続ではこれらの債権債務についても処理しなければなりません。連結グループの枠で囲った中にある（　）書きの部分、内部取引に係る債権債務残高を消去するのです。

 　枠の中の取引を消去するのだから、その取引に係る期末未決済残高も消さないとおかしいもんね

■ 消去の趣旨は同じ

　図表28－2は、簡易精算表に数値を記載したものです。

　親会社の売掛金と子会社の買掛金に含まれる内部取引の残高が、「連結消去」欄に負数で記載されています。そして、「連結」欄の数値が、図表28－1の連結グループの枠をまたいだ取引に係る債権債務残高と一致していることがわかります。

　売掛金は、親会社の外部顧客残高200円と子会社の外部顧客残高3,500円の合計3,700円となっており、買掛金は、親会社の外部仕入先残高1,580円と子会社の外部仕入先残高600円の合計2,180円となっています。

　取引の消去も債権債務の消去も、趣旨は同じです。

 　やってることは取引の消去と同じね

図表28-1　取引の概要（親子間の債権債務～連結の枠付き～）

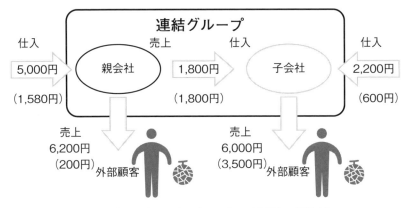

（　　）内の金額は期末時点で代金の決済が未了のもの（売掛金，買掛金）

図表28-2　簡易精算表（債権債務の消去）

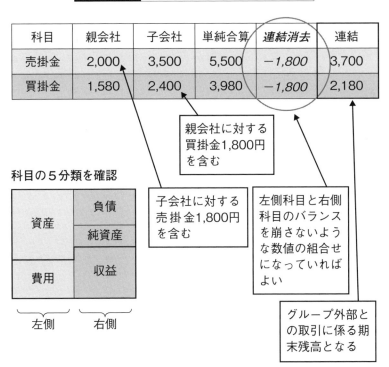

科目	親会社	子会社	単純合算	連結消去	連結
売掛金	2,000	3,500	5,500	−1,800	3,700
買掛金	1,580	2,400	3,980	−1,800	2,180

親会社に対する買掛金1,800円を含む

科目の5分類を確認

子会社に対する売掛金1,800円を含む

左側科目と右側科目のバランスを崩さないような数値の組合せになっていればよい

グループ外部との取引に係る期末残高となる

29

外貨建取引の消去
子会社の外貨表示金額をいくらで換算するか

　親子間の取引がドルで行われている場合の連結消去について説明します。日本の親会社が在米子会社に輸出をしているケースを想定します。図表29-1のとおりです。

■ 外貨建取引をいくらで円換算するか

　親会社が商品を1ドルでアメリカ子会社に輸出しました。その場合の連結消去を考えるというものです。連結グループの枠内の取引なので，いうまでもなく内部取引であり，消去することになります。問題はその金額です。

　アメリカの会社はドルで帳簿をつけているから，それをいくらで円換算するのかという話だね

■ 親会社が換算に用いた為替レートで換算する

　在外子会社の外貨建取引に関しては，親会社との取引について，親会社がその取引を帳簿計上した際に使用した為替レートで換算するというルールがあります。図表29-1の例では，親会社は1ドル110円で記帳しているので，アメリカ子会社の売上原価1ドルも，1ドル110円で円換算します。

　図表29-2は，当該換算後の金額に基づいて，簡易精算表の「連結消去」欄に数値を記載したものです。換算レートさえわかれば，消去の処理自体は国内子会社のケースと何ら変わりません。

　親会社との取引について，親会社が換算に用いたレートを使用して換算するということは，円換算後の金額は当然同じになり，差は出ないということね

図表29-1 取引の概要（親子間の外貨建取引～連結の枠付き～）

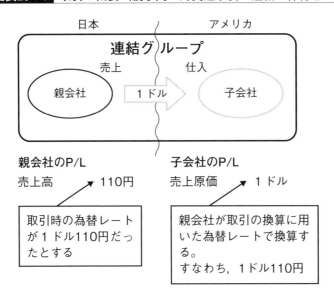

親会社のP/L
売上高　→　110円

取引時の為替レート
が1ドル110円だっ
たとする

子会社のP/L
売上原価　→　1ドル

親会社が取引の換算に用
いた為替レートで換算す
る。
すなわち，1ドル110円

図表29-2 簡易精算表（外貨建取引の消去）

科目	親会社	子会社	単純合算	*連結消去*	連結
売上高	8,000	6,000	14,000	*-110*	13,890
売上原価	5,000	4,000	9,000	*-110*	8,890

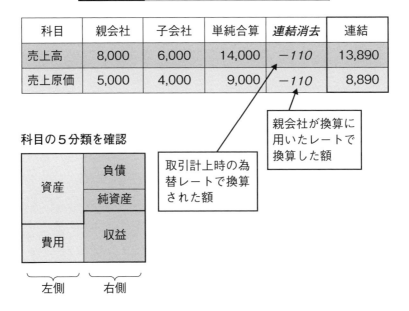

科目の5分類を確認

取引計上時の為
替レートで換算
された額

親会社が換算に
用いたレートで
換算した額

30

貸倒引当金の調整
内部取引に係る債権の消去に連動した処理

　取引の消去に関連して，追加処理が必要になることがあります。貸倒引当金の額を調整する処理です。ここでもメロンの販売の例で考えます。

■ 売掛金消去に連動した処理

　これまでの例では，まず売上高と売上原価の消去を行いました。そして次に，売掛金と買掛金の消去を行いました。貸倒引当金の調整は，その次のステップです。

　　　３つの処理は一連の処理ということか

　親会社の子会社に対する売掛金を消去したことによって，その売掛金に関して個別財務諸表で貸倒引当金を設定していた場合，連結ではそれを消去しなければなりません。

　親会社の個別決算において，一律に債権（ここでは売掛金）の５％を貸倒引当金として計上していたとします。一律なので，当然，子会社に対する売掛金（1,800円）に対しても貸倒引当金が計上されており，その額は90円です。その貸倒引当金90円を消去するのが，連結手続における貸倒引当金の調整です。

■ 調整に係る左右バランスも確認

　なお，図表30－1の簡易精算表では，貸倒引当金に濃い網（負債の分類）を掛けています。貸倒引当金は，決算書上，資産の部に負数表示（数字の前に△が付される）される科目ですが，資産の部のマイナスということで，ここでは便宜的に負債と考え，負債分類を示す濃い網掛けとしています。

　　　決算書の左側，右側ともに－90としているから，バランスは問題ないですね

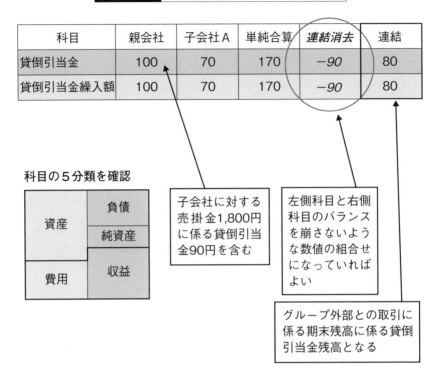

図表30-1 簡易精算表（貸倒引当金の調整）

科目	親会社	子会社A	単純合算	*連結消去*	連結
貸倒引当金	100	70	170	*−90*	80
貸倒引当金繰入額	100	70	170	*−90*	80

科目の5分類を確認

資産	負債
	純資産
費用	収益

子会社に対する売掛金1,800円に係る貸倒引当金90円を含む

左側科目と右側科目のバランスを崩さないような数値の組合せになっていればよい

グループ外部との取引に係る期末残高に係る貸倒引当金残高となる

TTBとTTMの差はどうするのか

　債権債務の消去で，債権債務が外貨建ての場合，基本的に円換算の為替レートが同じになるため，為替換算を原因とする消去時の差異は発生しないことになっています。

　親会社の在外子会社に対する売掛金残高が10万ドル，在外子会社のこれに対応する買掛金残高が10万ドルあったとします。

　決算日において，親会社では，この10万ドルを期末日レートで換算します。一方，在外子会社の財務諸表を親会社で連結するために行う円換算ではどうするのかというと，同じく期末日レートで換算します。

　つまり，債権10万ドルも債務10万ドルも同じレートで換算されるため，円換算額で同額となり，消去時に差が発生することはないという理屈です。

　しかし，実務ではそうならないことがあります。同じ期末日レートといっても，同一のレートでないことがあるからです。

　親会社が外貨建債権を期末日レートで換算する際，TTB（対顧客電信買相場）を使っていたとします。仮に1ドル99円とします。

　一方，在外子会社の財務諸表の円換算にはTTM（売相場と買相場の仲値）を使用していたとします。こちらは1ドル100円とします。

　この結果，同じ10万ドルが親会社では9,900,000円，子会社では10,000,000円となり，消去時に100,000円の差が生じます。

　この差額をどう処理するかについては，はっきりとしたことは会計基準に書いてありませんので，実務上適宜判断することになります。

第5章

未実現利益を消去する

未実現利益とは
グループ内の在庫移動で発生した利益

　親子間取引から発生した利益には，一部，取り消さなければならないものがあります。以下，順に説明していきます。

■ 取引の概要

　図表31-1は，前章と同様，メロンの仕入販売の例です。ただし，子会社が親会社から仕入れたメロンは，期末日において売れ残っています。子会社の棚卸資産残高（期末在庫）になっているということです。この場合，連結上の処理はどうなるでしょうか。

 　内部取引に係る在庫がある場合か

■ 未実現利益とは

　まず，図表31-1に連結グループの枠を書き入れてみましょう。図表31-2のようになります。前章で説明したとおり，この枠内で行われている取引が内部取引なので，それを消去します。親会社から子会社へメロン1,800円を販売した取引です。ここまでは前章と同じです。

　次に，売れずに残っている1,800円のメロンについて考えてみます。子会社はこれを1,800円で仕入れたので，棚卸資産の残高は1,800円としています。しかし，グループの枠を意識して考えると，おかしいことに気づきます。グループとしては，このメロンは1,000円で仕入れたものだからです。メロンが親会社から子会社に移動しただけで，800円の利益が発生したことになります。

　この800円は，子会社がメロンを外部顧客に販売するまでは，グループとしては獲得していない利益です。これを未実現利益といいます。連結会計ではこれを消去していくことになります。

 　連結では，子会社に売っただけでは利益は出せないのね

図表31-1 取引の概要（未実現利益）

親会社が１個1,000円で仕入れたメロンを，子会社に1,800円で販売。
メロンが子会社の店の棚に並べられた時点で期末を迎えた

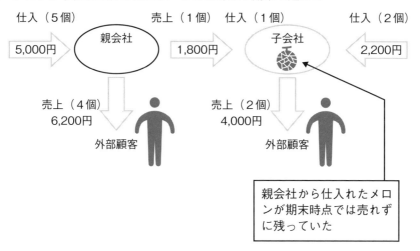

図表31-2 取引の概要（未実現利益～連結の枠付き～）

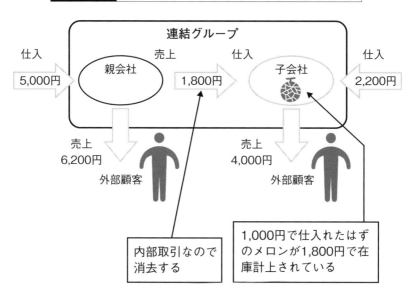

32 未実現利益消去の処理
子会社の在庫に含まれる未実現利益を消去する

未実現利益消去の処理を簡易精算表で確かめてみます。

■ 棚卸資産の過大額を消去する

図表32 - 1は，親会社と子会社について，棚卸資産と売上原価の2科目を示しました。最初は売上原価のことは考えず，棚卸資産のほうだけ見てください。

子会社の棚卸資産1,800円には，未実現利益800円が含まれています。連結上の棚卸資産残高にはこれを含めないようにするため，「連結消去」欄でマイナスします。その結果，右端の「連結」では，棚卸資産は1,000円となります。

図表31 - 2のとおり，期末に残っている棚卸資産は，子会社の棚にあるメロンのみで，それはもともと，親会社が外部から1,000円で仕入れたものです。したがって，連結上の棚卸資産は1,000円で間違いないです。

 ここまでは異論ないな

■ セットで動かす勘定は売上原価

連結消去の処理では，決算書の左と右のバランスをとる必要がありました。棚卸資産を800円減らしたなら，決算書の右側も減らすか，あるいは左側の別の科目を増やす必要があります。

図表32 - 1の簡易精算表によると，ここでは後者になります。売上原価を800円増やすのです。バランスという点ではこれで問題ないですが，なぜ売上原価なのでしょうか。

 簿記の先生は，そう覚えてしまったほうが早いと言ってましたけど……

ここは少しわかりにくいところなので，次項で改めて説明していきます。

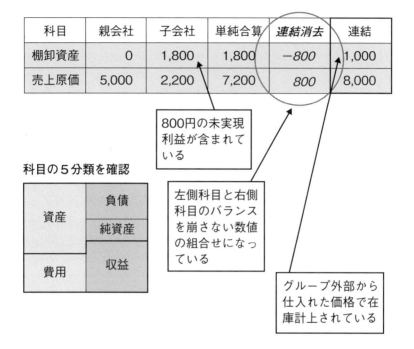

図表32-1　簡易精算表（未実現利益の消去）

科目	親会社	子会社	単純合算	*連結消去*	連結
棚卸資産	0	1,800	1,800	*−800*	1,000
売上原価	5,000	2,200	7,200	*800*	8,000

800円の未実現利益が含まれている

科目の5分類を確認

資産	負債
	純資産
費用	収益

左側科目と右側科目のバランスを崩さない数値の組合せになっている

グループ外部から仕入れた価格で在庫計上されている

33

棚卸資産と売上原価の関係
未実現利益消去時になぜ売上原価を増やすのか？

　期末棚卸資産の未実現利益を消去する際に，売上原価を増やす理由を考えてみます。

■ 期末棚卸資産が減ると売上原価はどうなるか

　棚卸資産と売上原価には密接な関係があります。売上原価の計算式を見れば，そのことがわかります。

　売上原価＝期首棚卸資産＋当期仕入高－期末棚卸資産

　単純化のため，期首棚卸資産のことは考えずに，期末棚卸資産のみに着目してください。期末棚卸資産が増えると，売上原価は減ります。逆に，期末棚卸資産が減ると，売上原価が増えます。こうした連動性があることがわかります。

　　　　期首のことも考えると頭が混乱しそうだからやめておこう

■ 未実現利益と売上原価の関係

　図表33－1と33－2は，上記の式を図解したものです。

　まず，図表33－1を見てください。この図では，期末棚卸資産に未実現利益が含まれている状態で売上原価を算定しています。未実現利益が含まれている分，期末棚卸資産残高が膨らんでいます。

　次に，図表33－2を見てください。こちらの図では，期末棚卸資産の未実現利益消去後に売上原価を算定しています。未実現利益が消去されたので，その分，期末棚卸資産残高が圧縮されています。

　　　　それで売上原価がどう変わったかというと…

　2つの図から明らかですが，売上原価は，未実現利益消去後に増えています。以上のメカニズムを反映させるため，期末棚卸資産の未実現利益消去時に売上原価を増やしています。

図表33-1 売上原価の算定（未実現利益消去前）

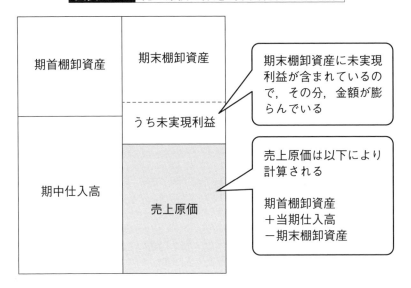

期首棚卸資産	期末棚卸資産
	うち未実現利益
期中仕入高	売上原価

期末棚卸資産に未実現利益が含まれているので，その分，金額が膨らんでいる

売上原価は以下により計算される

期首棚卸資産
＋当期仕入高
－期末棚卸資産

図表33-2 売上原価の算定（未実現利益消去後）

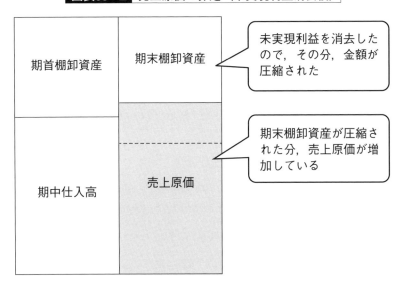

期首棚卸資産	期末棚卸資産
期中仕入高	売上原価

未実現利益を消去したので，その分，金額が圧縮された

期末棚卸資産が圧縮された分，売上原価が増加している

34

翌年度の連結開始時の処理①
翌期首にもう一度同じ処理を繰り返す理由

　棚卸資産の未実現利益については，翌年度においても必要な処理があります。図表34-1は子会社が作成した当年度（第1年度）と翌年度（第2年度）の棚卸資産増減表です。総勘定元帳を表形式にして単純化したもので，実務でこのような表を作成する必要性はありませんが，これを使って説明していきます。

■ 子会社では連結と無関係に継続記帳

　この表は子会社が子会社自身のために作成しているものです。親会社から仕入れた商品も，その仕入値のまま計上しており，親会社が乗せた利益を含んだベースの数値となっています。その利益がまさに未実現利益でした。

　連結上は，図表32-1で見たとおり，第1年度末の棚卸資産残高に含まれている未実現利益800円を消去しました。しかし，その処理は，親会社が連結財務諸表を作成するために親会社で独自に行ったことであって，子会社には知らされていません。そのため，子会社では第2年度においても，引き続き未実現利益が含まれたベースで増減表を作成していくわけです。図表34-1の第2年度の表はそうなっています。

　　　　子会社では連結とは無関係に継続記帳していますからね

■ 二度手間ではない第2年度期首の処理

　親会社が第2年度の連結財務諸表を作成するに際しては，まさにその継続記帳の数字を使います。第2年度期首棚卸資産について何も処理を行わなければ，第2年度期首の棚卸資産に含まれる未実現利益はそのままです。そこで，この未実現利益を改めて消去する必要があるのです。

　　　　連結会計では記帳の継続性が絶たれているということか

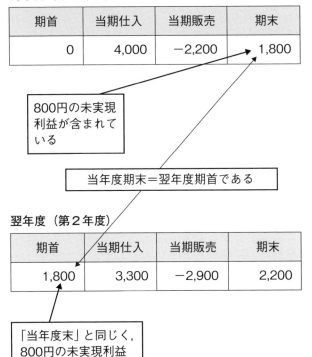

図表34－1　子会社の棚卸資産増減表

当年度（第1年度）

期首	当期仕入	当期販売	期末
0	4,000	−2,200	1,800

800円の未実現利益が含まれている

当年度期末＝翌年度期首である

翌年度（第2年度）

期首	当期仕入	当期販売	期末
1,800	3,300	−2,900	2,200

「当年度末」と同じく，800円の未実現利益が含まれている

35

翌年度の連結開始時の処理②
損益科目を利益剰余金に読み替える理由

　棚卸資産の未実現利益の消去について，翌年度の処理を簡易精算表で見ていきます。

■ 売上原価を利益剰余金に読み替え

　第2年度期首における棚卸資産の未実現利益の消去は，第1年度末に行った消去の処理と同じになります。金額は800円で，棚卸資産からマイナスします。ただし，セットで動かす売上原価については，利益剰余金への読み替えが必要です。

　　　　　実は，ここも暗記してしまうほうが早いといわれています

　売上原価は損益科目であることから，第1年度に売上原価を動かしたことによる影響は，第1年度の利益を経由して，結果的に第1年度末の純資産の利益剰余金に計上されています。この影響を第2年度にどのように繰り越すべきかというと，損益科目自体は過去のプロセスにすぎないので繰り越さず，集約結果としての利益剰余金で，まとめて翌年度に繰り越すのです。

　したがって，売上原価を800円増やした処理は，翌年度においては，利益剰余金を800円マイナスする処理とします。売上原価と利益剰余金は決算書の位置関係で見ると逆サイドなので，読み替えにより数字のプラスマイナスが逆になります。

■ なぜ，利益剰余金期首残高なのか

　利益剰余金については，連結株主資本等変動計算書を作成する関係で，期首への影響なのか，期中増減への影響なのかを区別しておきます。ここでは期首残高への影響なので，「利益剰余金期首残高」としています。

　なお，以上の処理は，第2年度の連結決算作業時に行うものであって，第2年度が始まったらすぐに行うというものではありません。

図表35-1 簡易精算表（未実現利益の翌年度期首の処理）

科目	親会社	子会社	単純合算	連結消去	連結
棚卸資産	1,000	2,200	3,200	−800	2,400
売上原価-利益剰余金期首残高	10,000	8,500	18,500	−800	17,700

科目の5分類を確認

資産	負債
	純資産
費用	収益

前年度の売上原価は，連結損益計算書の当期純利益を経由して利益剰余金となるので，当年度の期首においては，利益剰余金期首残高に繰り越されており，このように読み替える

図表32-1（当年度末の処理）と同額になっている

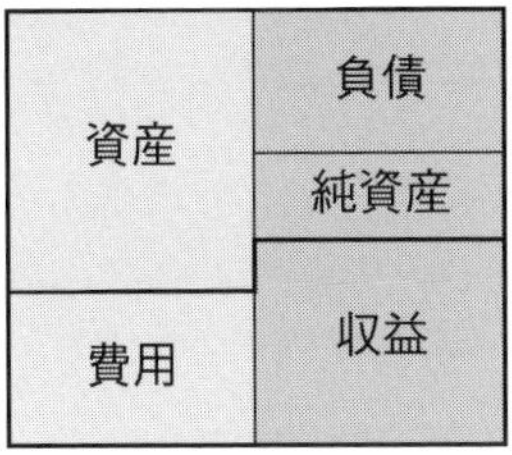

36

未実現利益の実現処理
期中に売れたと仮定する理由

　子会社が親会社から仕入れたメロンが期中に販売されれば，未実現利益は実現します。棚卸資産の未実現利益について，図表36 - 1 の簡易精算表で実現時の処理を見ていきます。

■ 期中に売れれば実現する

　期首において消去した未実現利益は，前年度に親会社が子会社に販売したメロンについて親会社が乗せた利益でした。この利益は，子会社が外部にメロンを売却すれば，連結グループとして実体を伴う利益に変わります。

　　　　実際のところ，子会社としても売れればホッとするだろうね

　したがって，未実現利益の実現処理は，期首に行った未実現利益の消去処理の反転となります。

■ 期中に売れていなかったらどうするか

　図表36 - 1 では，未実現利益の実現処理を簡易精算表で行っています。棚卸資産については，消去した800円を戻しています。図表35 - 1 では，これとセットで利益剰余金期首残高を動かしましたが，こちらの反転処理では，元々の科目である売上原価に戻したうえで処理します。棚卸資産残高の変動が売上原価に連動することは，すでに述べたとおりです。

　ところで，仮に期首の棚卸資産が期中に売れていなかったらどうなるかというと，それでもこの処理は行います。いったん売れたものと仮定して処理し，改めて期末棚卸資産の未実現利益として消去処理を行うのです。

　　　　洗い替え処理ということね

図表36-1　簡易精算表（未実現利益の実現処理）

科目	親会社	子会社	単純合算	*連結消去*	連結
棚卸資産	1,000	2,200	3,200	*800*	4,000
売上原価	5,000	2,900	7,900	*−800*	7,100

科目の５分類を確認

資産	負債
	純資産
費用	収益

期首の処理と反対の処理を行うが，利益剰余金期首残高で処理したものは，元の損益科目（ここでは売上原価）に読み替える

期首棚卸資産に含まれていた未実現利益は，期中に売却されたものと仮定して，実現処理（図表35-1の期首の処理と反対の処理）をする

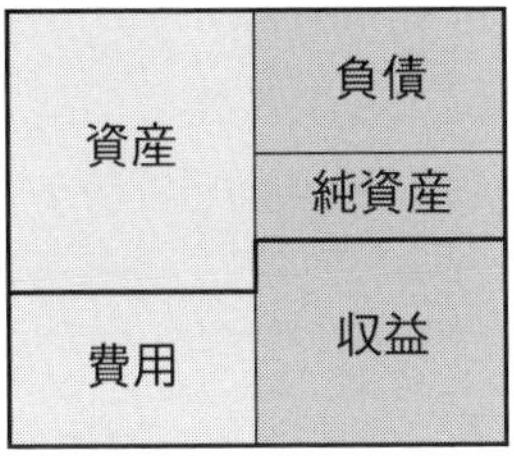

37 未実現利益消去のサイクル
そしてまた迎える期末の処理

　未実現利益の消去に関する翌年度の処理をまとめてみます。図表37-1の簡易精算表は，翌期首の処理（図表35-1）と，実現処理（図表36-1）をひとまとめにしたものです。

■ 期首の未実現利益はプラスマイナスゼロ

　図表37-1からわかるように，期首の棚卸資産に含まれていた未実現利益は，「連結消去1」でいったん消去された後，「連結消去2」の期中の実現処理で反転され，結局プラスマイナスゼロになります。

　利益剰余金期首残高と売上原価については，それぞれ800円ずつマイナスされています。

■ 「期首，期中実現，期末」のサイクル

　図表37-2に取引の概要を掲載しました。簡易精算表と整合していることを確認しておきます。

　親会社と子会社には，それぞれ外部から仕入れたメロンが在庫として残っており，その在庫金額を合計すると簡易精算表の右端の数値3,200円に一致します。売上原価は，連結ベースの棚卸資産残高と外部仕入高より求められます。期首棚卸資産は，図表32-1より1,000円，外部仕入高は図表37-2より9,300円（6,000円＋3,300円），期末棚卸資産は図表37-1もしくは37-2より3,200円です。したがって，1,000円＋9,300円－3,200円で7,100円となり，簡易精算表と一致しています。

　以上の処理の後，この年度の期末棚卸資産について未実現利益があれば，その消去処理を行います。こうやって，毎年同じ処理を繰り返していくのが棚卸資産の未実現利益の消去になります。

　期首，期中実現，期末の1サイクルね

図表37−1 簡易精算表（未実現利益の翌年度処理のまとめ）

科目	親会社	子会社	単純合算	*連結消去1*	*連結消去2*	連結
棚卸資産	1,000	2,200	3,200	*−800*	*800*	3,200
利益剰余金期首残高	10,000	8,500	18,500	*−800*		17,700
売上原価	5,000	2,900	7,900		*−800*	7,100

図表37−2 取引の概要（第2年度）

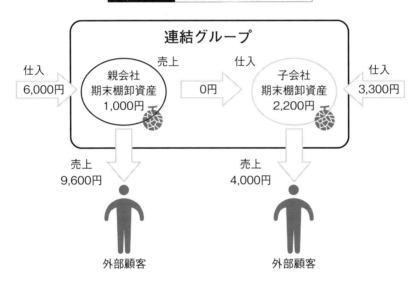

38 固定資産の未実現利益①
売却後の減価償却費を調整する理由

　固定資産の親子間売買でも，未実現利益の消去が必要になります。固定資産は棚卸資産と違って，減価償却があります。売却後の減価償却が特有の論点となります。

■ 固定資産売却益は内部取引に係るもの

　図表38-1に，親会社が子会社に機械装置を売却したケースを示しました。

　親会社が簿価を上回る価額で固定資産を子会社に売却すれば，固定資産売却益が親会社の個別財務諸表で計上されます。その取引は連結グループにとって内部取引となるので，売買を単なる移動と考え，固定資産売却益を消去します。これが未実現利益の消去です。

 売上は計上されていないから，売上と売上原価の消去はなしで大丈夫

■ 連結上の減価償却費が過大に

　固定資産には，土地のように減価償却を伴わないものもありますが，ここでは機械装置なので，売却後の減価償却費を調整する必要があります。

　図表38-2で，売却前と売却後の減価償却費を比較してみましょう。「売却前」の図は，親会社が子会社に売却しなかった場合の減価償却費の発生予定額を示しています。残存耐用年数5年としており，各年度400円です。「売却後」の図は，子会社売却後に子会社で計上される減価償却費の予定額です。こちらは各年度500円です。

　売却後は，未実現利益を上乗せした額をベースに減価償却が行われるので，その分，減価償却費が増加しているのです。

 500円で単純合算されちゃうと，連結上の減価償却費が過大になってしまうわ

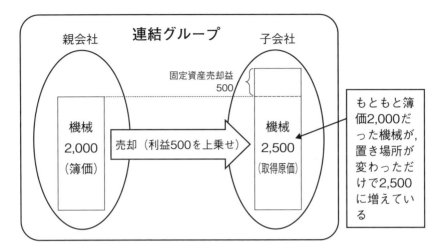

図表38－1 取引の概要（固定資産の未実現利益）

連結グループ

親会社　　　　　　　　　　　　　　子会社

固定資産売却益
500

機械
2,000
（簿価）

売却（利益500を上乗せ）

機械
2,500
（取得原価）

もともと簿価2,000だった機械が,置き場所が変わっただけで2,500に増えている

図表38－2 売却前後での減価償却費の比較

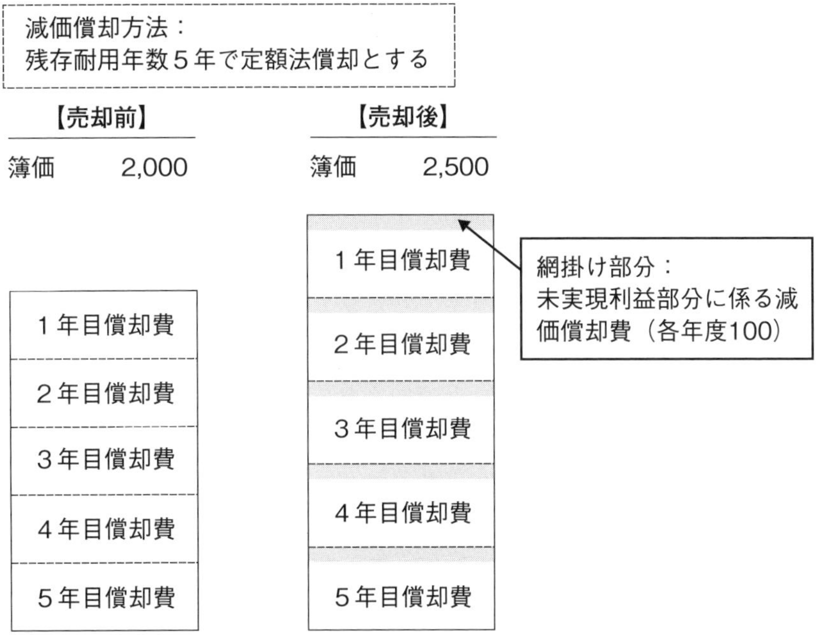

減価償却方法：
残存耐用年数５年で定額法償却とする

【売却前】　　　　　　　【売却後】

簿価　　2,000　　　　簿価　　2,500

網掛け部分：
未実現利益部分に係る減価償却費（各年度100）

【売却後】
1年目償却費
2年目償却費
3年目償却費
4年目償却費
5年目償却費

【売却前】
1年目償却費
2年目償却費
3年目償却費
4年目償却費
5年目償却費

39

固定資産の未実現利益②
親子間売買がなかった場合と同じ結果を得る

　簡易精算表で固定資産の未実現利益に係る一連の処理を確認していきます。

■ 個別決算では売買処理

　親会社は，所有していた機械装置を期首に子会社へ売却したとします。そうすると親会社の期末の機械装置残高は０円です。それに係る減価償却関連の科目も０円です。そして，売却時の固定資産売却益が500円計上されています。

　子会社では，親会社から購入した機械装置を，実際の購入金額で資産計上しており，当年度の減価償却費も計上しています。

　減価償却累計額は資産の控除科目ですが，便宜上，科目分類の網掛けは負債と同じにしています。

 　貸倒引当金のときも，資産控除科目を負債側に分類したっけ

■ 連結決算では親会社が所有し続けた場合と同じ

　以上の状態から，連結処理を行っていきます。

　まずは，固定資産売却益の消去です。親会社で計上された固定資産売却益500円は内部取引に係るものなので，「連結消去」欄でマイナスします。これに対応する金額は，子会社の機械装置の取得価額に含まれているので，同額を機械装置から消去します。続いて減価償却費です。子会社で計上された減価償却費は，未実現利益を上乗せされたベースでの金額です。連結上は，上乗せ分を消去します。

　以上の結果，連結数値は，親会社が機械装置を所有し続けていた場合と同じになっていることがわかります。

 　売買がなかった場合と同じ結果ならオーケーね

図表39-1 簡易精算表（固定資産の未実現利益の処理）

500円の未実現
利益が含まれて
いる

科目	親会社	子会社	単純合算	連結消去	連結
機械装置	0	2,500	2,500	−500	2,000
減価償却費	0	500	500	−100	400
減価償却累計額	0	500	500	−100	400
固定資産売却益	500	0	500	−500	0

科目の5分類を確認

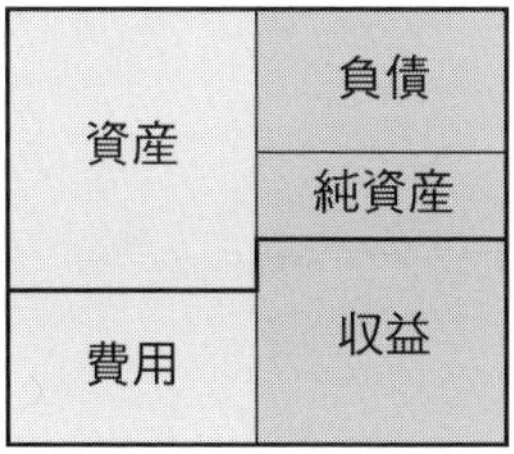

資産	負債
	純資産
費用	収益

未実現利益を含む固
定資産価額をベース
とした減価償却費が
計上されている（未実
現利益部分の減価償
却費は100）

親会社が所有し
続けていた場合
と同じ結果に
なっている

左側科目と右側科目のバ
ランスを崩さない数値の
組合せになっている

40 固定資産の未実現利益③
第三者に売却したらどうなるか

　親会社から子会社に売却された機械装置が，その後，外部に売却された場合の連結処理を見ていきます。

■ 連結と個別で異なる売却益

　親会社が子会社に売却した年度の翌年度末に，子会社が第三者に1,700円で機械装置を売却したとします。子会社が機械装置を取得してから2年分の減価償却が実施済みなので，むこう3年分の減価償却予定額の合計が，外部売却時の簿価です。その簿価と売却価額の差が外部売却時の固定資産売却益となります。ところが，簿価は連結ベースと子会社個別ベースでは異なっています。図表40‐1のとおり，連結ベースの簿価が未実現利益消去後となっているためです。その結果，外部売却時の固定資産売却益は連結ベースのほうが大きくなります。連結ベースでは500円ですが，子会社個別ベースでは200円なので，連結上で300円増やしてあげればよいとわかります。

　これとセットで他の科目をどう処理するかが難しそうだね

■ 外部売却時までの連結処理を反転する

　簡易精算表の処理は少々複雑です。連結消去欄が3つあります。「連結消去1」は，図表39‐1の未実現利益消去の処理を復元したものです。「連結消去2」は，この年度の減価償却費の調整です。そこまで準備ができたところで，外部売却の処理を行います。それが「連結消去3」です。外部売却すると，この機械装置は連結グループの手を離れます。その結果，「連結消去1」と「連結消去2」は以後不要になるのです。そこで，それらを反転する処理を行います。

　確かに，この結果，固定資産売却益が300円増えてるわ

図表40-1　連結ベースと子会社個別ベースの売却益比較

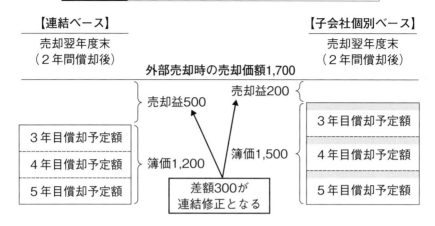

【連結ベース】
売却翌年度末
（２年間償却後）

【子会社個別ベース】
売却翌年度末
（２年間償却後）

外部売却時の売却価額1,700

売却益500

売却益200

３年目償却予定額
４年目償却予定額
５年目償却予定額
簿価1,200

簿価1,500

３年目償却予定額
４年目償却予定額
５年目償却予定額

差額300が
連結修正となる

図表40-2　簡易精算表（固定資産の外部売却）

図表39-1の連結消去
（第1年度の処理）復元

当年度の減価償
却費の調整

科目	親会社	子会社	単純合算	連結消去1	連結消去2	連結消去3	連結
機械装置	0	0	0	−500		500	0
減価償却費	0	500	500		−100		400
減価償却累計額	0	0	0	−100	−100	200	0
利益剰余金期首残高	0	0	0	−400			−400
固定資産売却益	0	200	200			300	500

科目の５分類を確認

資産
負債
純資産
費用
収益

機械装置の外部売却によ
り，これまでの処理を反
転させ，固定資産売却益
を修正する処理

将棋の名人戦２日目の朝と同じ処理

　連結会計と将棋の名人戦には共通点があります。

　未実現利益を消去した次の年度の連結作業において，前年度に行った処理を再度実施し，前年度末の状態を当年度期首の状態として復元する処理がありました。

　これは連結会計特有の手続であって，個別決算ではみられないということもあって，理解に苦しむ人が多いようです。

　ところが，これと同じようなことは，将棋の名人戦でも見ることができるのです。

　将棋の名人戦は１局につき２日間かけて行われます。１日目の終了時刻になると，その時点での手番の対局者が次の手を紙に記入して封に入れます。これを封じ手といいますが，翌朝まで立会人が保管し，２日目の対局開始時に開封され続きが始まります。

　ここで注目すべきは，２日目の朝です。素人であれば，１日目の終わりの状態をそのまま置いておいて，そこから始めますが，プロは違います。実は１日目の終了時に盤上の駒を片付けており，２日目の朝は，また一から並べ直すのです。まず，駒を開始位置に並べ，その後，第１手から順々に指していきます。そして，１日目の封じ手の直前まで指したところで，封じ手を開封します。

　この前日の手順を復元していく発想こそ，未実現利益消去の翌年度の開始時の処理と同じなのです。前日に指した手は，盤上ではいったん片付けられるため，盤上での物理的継続性が絶たれます。連結会計においても，帳簿の物理的継続性は連結される各社の個別会計のほうにあって，連結処理自体は継続性が絶たれていました。連結会計と名人戦はやはり似ています。

第6章

投資と資本を消去する

41

子会社への出資も内部取引
最も基本的な親子間の内部取引

　投資と資本の消去について説明していきます。投資というのは親会社から子会社への出資のこと，資本というのは子会社で計上される資本のことです。

　まず，親会社が100％子会社（親会社の議決権所有割合が100％）を設立するケースについて，連結決算で必要となる処理を見ていきます。

■ 親子間の出資取引は内部取引

　図表41-1は，100％子会社設立の取引概要を示しています。親会社が子会社に資金を払い込み，子会社ではこれを資本金に計上します。親会社はその払込みと引換えに株式を取得しています。これらの取引はすべて，図表41-2のとおり，連結グループの枠内で行われています。つまり内部取引です。

　連結会計では，親子間の内部取引を消去するのが基本です。取引の消去や債権債務の消去はもちろん，未実現利益の消去についても，やはり内部取引に係る処理でした。同様に，子会社への出資取引も消去します。

 子会社への出資は，親から子への資金移動にすぎないと考えるわけだな

■ 例外なく行われる消去手続

　子会社の定義をもう一度確認してみましょう。図表19-1で，親会社の議決権所有割合が０％というケースを除けば，親会社は必ず子会社に出資をしていることがわかります。つまり，子会社への出資取引という内部取引は，連結グループにおいてほぼ例外なく行われているといってよいわけで，投資と資本の消去は最も基本的な連結手続なのです。

 一般に，連結会計の解説書で投資と資本の消去が初めのほうに出てくるのは，そういう理由からかもしれないですね

図表41−1 取引の概要（投資と資本の消去）

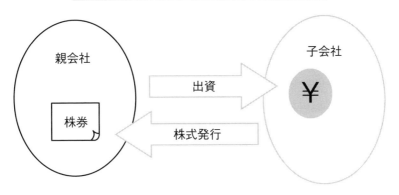

図表41−2 取引の概要（投資と資本の消去〜連結の枠付き〜）

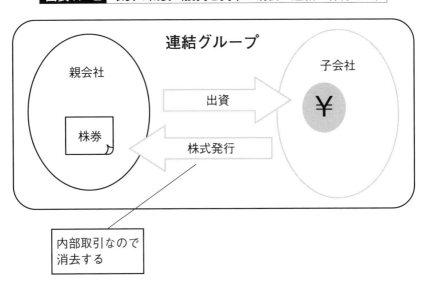

42

連結資本金＝親会社資本金
資本連結の重要チェックポイント

投資と資本の消去を簡易精算表で確認していきます。

■ 親会社の投資と子会社の資本金が一致

図表42-1のとおり，親会社が子会社に出資した額は，親会社の投資（子会社株式）に計上されています。子会社は親会社出資額の全額を資本金に計上しているとします。この子会社は100％子会社なので，子会社の資本金の額は親会社の出資額と一致します。図表42-1の楕円で囲んだ部分はそのことを示しています。

 連結会計では当たり前のように使う投資勘定という用語だけど，経理実務ではあまり使わないかな。一般的な勘定科目名としては子会社株式とか関係会社株式だよね

■ 連結決算の重要チェックポイント

個別決算上の投資（子会社株式）と資本金の残高は，前項で見たように内部取引に係るものなので，これを消去します。その結果，投資（子会社株式）は0円になります。この投資は連結グループ内の投資であって，連結グループ内で資金が移動したにすぎないと考えるので，0円でよいのです。

また，資本金は2,000円になりますが，これについては，重要なチェックポイントがあります。親会社の資本金残高と一致するのです。21項で述べたとおり，連結会計というのは，親会社の株主を意識した財務報告です。連結上，資本金というのは，親会社の株主が拠出したものを指します。したがって，連結上の資本金は常に親会社の資本金と一致するのです。

 これらの残高が一致していない場合は，投資と資本の消去処理がうまくいっていないということね

図表42−1　簡易精算表（投資と資本の消去）

科目	親会社	子会社	単純合算	*連結消去*	連結
投資（子会社株式）	100	0	100	*−100*	0
資本金	2,000	100	2,100	*−100*	2,000

科目の5分類を確認

資産	負債
	純資産
費用	収益

親会社の出資額が，子会社の資本金に計上されている

連結上の資本金残高は，親会社の資本金残高と同じになる

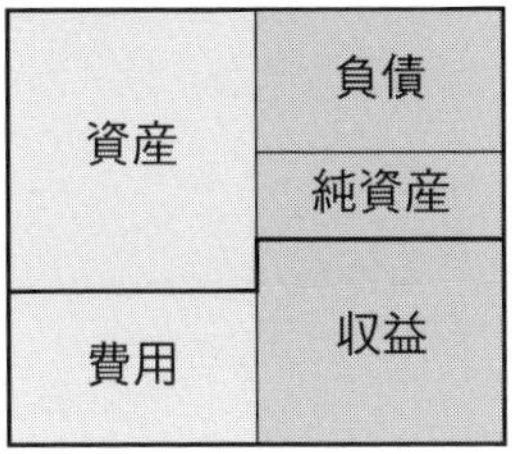

43 資本連結のウラの意味
投資勘定が具体的な資産に置き換わる

　純粋持株会社を例に，投資と資本の消去の意味を考えてみましょう。

■ 図で見る連結の過程

　図表43-1は，純粋持株会社とその子会社である事業会社を連結する過程を，貸借対照表の図解により示したものです。

　aの図は，両社の個別貸借対照表をタテに合わせたものです。純粋持株会社の場合，総資産の連単倍率も大きいので，ここでも事業会社の貸借対照表のほうを大きくしています。bの図は，単純合算の図です。aの図の各社の資産，負債および資本金をそれぞれ単純に合算したものです。単純合算なので，aとbの全体の四角形の大きさは同じです。

 簡易精算表では部分的にしか見えなかったけど，これだとB/S全体の様子がわかる

■ 連結手続の裏と表

　そしてcです。資産のうち子会社株式と資本金のうち子会社資本金を消去します。前項で見たとおりの処理です。

　以上の結果，dの連結貸借対照表ができ上がります。dの連結貸借対照表を，aの上半分になっている純粋持株会社の個別貸借対照表と見比べてください。資本金の大きさは変わっていないです。これは前項の重要チェックポイントでした。資産と負債はどうかというと，増えています。どう増えたのかというと，子会社株式に置き換わるように，子会社の資産と負債が加算されたのです。

　投資と資本の消去処理は，内部取引という数値のダブりを消去する手続と説明しましたが，投資勘定を具体的な資産・負債に置き換える手続でもあります。

 連結手続の表と裏が見えました

図表43-1 資本連結のイメージ

a. 個別貸借対照表

純粋持株会社

資産	負債
(うち子会社株式)	資本金

事業会社

資産	負債
	資本金

b. 単純合算

資産	
(うち子会社株式)	負債
	資本金

c. 消去

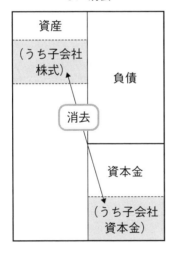

資産	
(うち子会社株式)	負債
	資本金
	(うち子会社資本金)

消去

d. 連結貸借対照表

資産	負債
	資本金

44 子会社の資産・負債時価評価
なぜ時価評価するのか

投資と資本の消去時に留意すべき点を解説します。

■ 既存の企業を取得する場合に留意

投資と資本の消去は，親会社の投資（子会社株式）を子会社の資産・負債に置き換えることでした。そうすると，置き換えるにあたっては，両者は内容的に等しくなければいけません。内容的にというのは，会計的に，評価の時点を揃えるという意味です。

その点，子会社を新規設立するケースでは時点が揃っているので，特に気にする必要はないのですが，既存の企業を買収した場合，子会社の資産・負債の評価の時点の修正が必要になってきます。

 会社を買う場合は時価で買うから，それとの関係かな

■ 評価のベースをそろえる

図表44-1は，親会社が所有している子会社株式と子会社の資産・負債が同等とみなせない理由をまとめたものです。親会社は，子会社株式を取得時点の時価に基づく取得原価ベースで資産計上しています。一方，子会社の資産・負債は，親会社による買収以前から帳簿に計上されていたものであり，さまざまな時点の取得原価が合成された取得原価ベースです。

どちらも取得原価ベースですが，この2つは評価時点が揃っていないので，連結消去の前に揃える必要があります。具体的には，子会社の資産・負債を親会社の支配獲得日（この例では子会社株式取得時）の時価で評価するのです。その結果，両者の評価ベースが支配獲得日の時価で揃うので，投資と資本の消去処理が行えます。

 実際に時価評価するのは，土地が多いようね

図表44-1　子会社の資産・負債を時価評価する理由

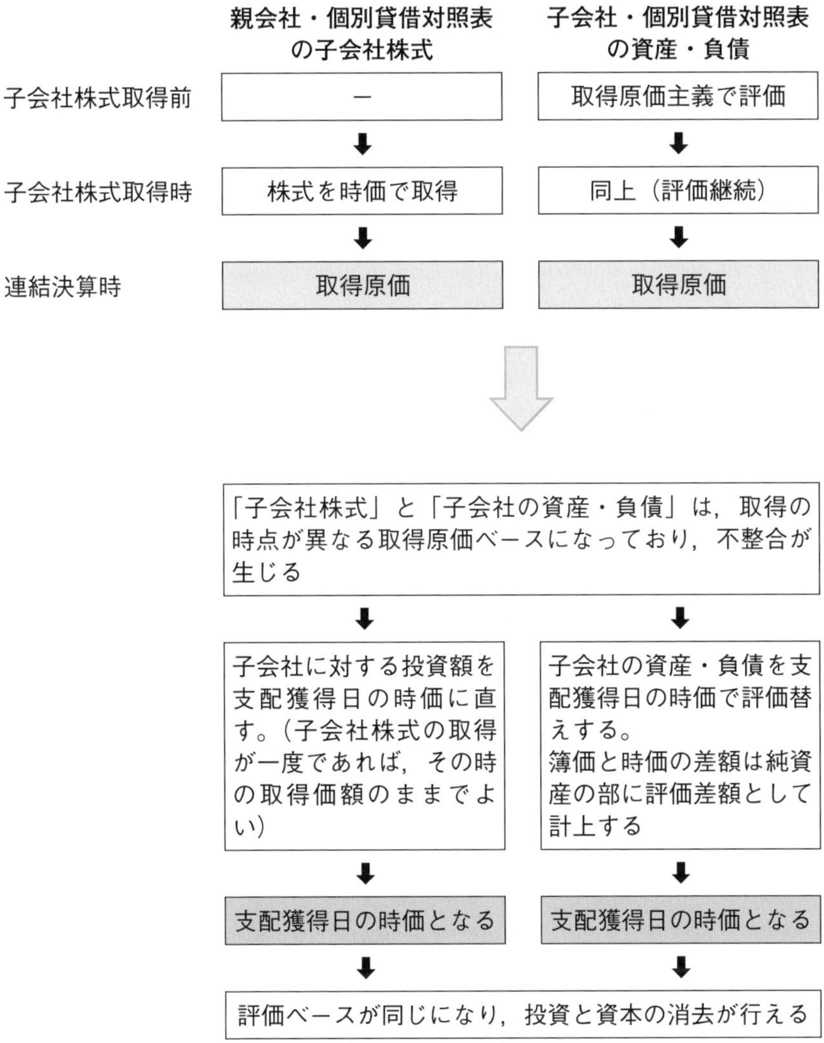

	親会社・個別貸借対照表 の子会社株式	子会社・個別貸借対照表 の資産・負債
子会社株式取得前	－	取得原価主義で評価
子会社株式取得時	株式を時価で取得	同上（評価継続）
連結決算時	取得原価	取得原価

「子会社株式」と「子会社の資産・負債」は，取得の時点が異なる取得原価ベースになっており，不整合が生じる

子会社に対する投資額を支配獲得日の時価に直す。（子会社株式の取得が一度であれば，その時の取得価額のままでよい）	子会社の資産・負債を支配獲得日の時価で評価替えする。簿価と時価の差額は純資産の部に評価差額として計上する
支配獲得日の時価となる	支配獲得日の時価となる

評価ベースが同じになり，投資と資本の消去が行える

45 2年目以降の資本連結
翌年度の連結開始時の処理

　親子間の出資関係は，連結第2年度以降も継続していきます。出資取引自体は連結第1年度に行われるわけですが，投資と資本の数字のダブりは，以後もずっと残るというわけです。そこで，第2年度以降の投資と資本の消去処理を見ていきます。

■ 資本金期首残高は科目名か？

　図表45-1は，第2年度の投資と資本の消去処理を簡易精算表で示したものです。ここで第2年度というのは，図表42-1を第1年度としたときの翌年度という意味です。第2年度においても出資関係に変化はなかったとすると，第2年度の連結消去は図表42-1の第1年度と同じようにやればよいと予想がつきます。実際，それでよいのですが，1か所だけ違う点があります。図表45-1では，「資本金」を減らす代わりに「資本金期首残高」を減らしているのです。

　　　　　貸借対照表にそういう科目はないが……

■ どの時点で資本金をマイナスするか

　図表42-1では，第1年度の期末に，子会社の資本金をマイナスする処理を行いました。出資関係に変化はないため，第2年度においても資本金をマイナスする処理が必要になりますが，厳密にいうと，第2年度期首時点でマイナスしなければ，第1年度とつながりません。そのため，「資本金期首残高」としています。

　これは連結株主資本等変動計算書の項目になります。図表10-1のとおり，連結消去で期首残高を減らせば期末残高に連動し，その処理の影響は連結貸借対照表の資本金残高まで及びます。

　　　　　資本金残高の増減を意識した処理が必要ということね

図表45−1 簡易精算表（投資と資本の消去～第2年度～）

科目	親会社	子会社	単純合算	*連結消去*	連結
投資（子会社株式）	100	0	100	*−100*	0
資本金期首残高	2,000	100	2,100	*−100*	2,000

科目の5分類を確認

資産	負債
	純資産
費用	収益

連結株主資本等変動計算書で，資本金の期首残高を減らす必要があるため，期首残高としている

この状態は，資本関係が変わらない限り，連結第2年度以降も第1年度と同じ

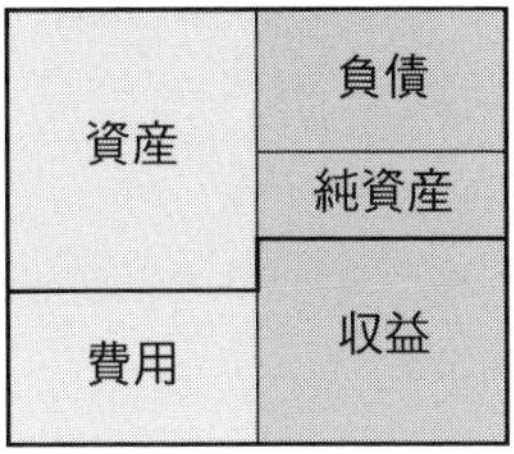

46 100％子会社でない場合
非支配株主持分というサイフ

　100％子会社でない場合を考えてみましょう。たとえば，親会社の議決権所有割合が80％の子会社を連結する場合，投資と資本の消去処理はどうなるでしょうか。

■ 子会社の資本金を消しきれない？

　図表46 - 1 は，この子会社を連結する際の処理を示した簡易精算表ですが，未完成の状態です。「連結資本金＝親会社資本金」となっておらず，連結処理がうまくいっていないことがわかります。

　　　　差額の20円が何なのかを考えてみるか

　うまくいっていない原因は，子会社の資本金のうち20％分が資本金勘定に残ったままとなっているからです。しかし，親会社の投資勘定には80円しか残高がありませんので，子会社の資本金はどうしても80円までしか消去できないのです。

■ 非支配株主持分とは

　子会社の議決権のうち20％分を所有しているのは，この企業グループには属さない第三者です。連結会計では，「非支配株主」といいます。連結子会社を支配していない株主という意味です。図表46 - 1 で消しきれなかった子会社の資本金20円は，非支配株主が拠出したものなので，連結財務諸表では「非支配株主持分」という科目を設置して，そこに振り替えます。

　　　　非支配株主のサイフのようなものね

　以上の処理の結果，図表46 - 2 では，「連結資本金＝親会社資本金」となっていることが確認できます。なお，非支配株主に関連する処理については，次章で詳しく見ていきます。

図表46-1 簡易精算表（80％子会社の資本連結〜未完成〜）

親会社の出資比率は80％とする

科目	親会社	子会社	単純合算	*連結消去*	連結
投資（子会社株式）	80		80	*−80*	0
資本金	2,000	100	2,100	*−80*	2,020

連結上の資本金残高が，親会社の
資本金残高と不一致になっている

図表46-2 簡易精算表（80％子会社の資本連結〜完成〜）

親会社の出資比率は80％とする

科目	親会社	子会社	単純合算	*連結消去*	連結
投資（子会社株式）	80		80	*−80*	0
非支配株主持分	−	−	−	*20*	20
資本金	2,000	100	2,100	*−100*	2,000

一致

科目の５分類を確認

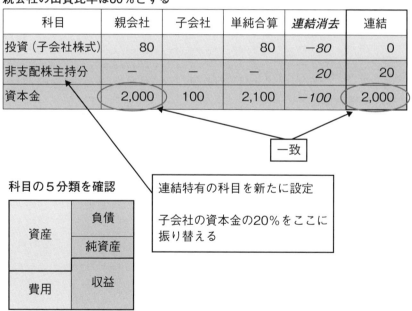

連結特有の科目を新たに設定

子会社の資本金の20％をここに
振り替える

47

連結配当金＝親会社配当金
子会社から親会社への配当に係る連結修正

連結会計では，配当金について修正処理が必要になります。

■ 配当金の支払いは現金の移動取引

子会社から親会社への配当金の支払いは，図表47－1のとおり，連結グループの内部取引です。この図から，配当金の支払いというのは，子会社にあった現金を親会社に移動するだけであることがわかります。したがって，連結上はこの取引を消去します。

■ 配当金のチェックポイント

図表47－1の例では，子会社は100％子会社です。子会社の配当金はすべて親会社に支払われています。

簡易精算表には科目が2つ載っています。1つ目の「利益剰余金（剰余金の配当）」は，連結株主資本等変動計算書の項目です。配当金の支払いは，原資が利益剰余金であれば，利益剰余金の減少として処理されます。2つ目の科目，「受取配当金」は配当をもらう側の科目で，連結損益計算書の科目です。

子会社が親会社に支払った配当金は，子会社欄の「利益剰余金（剰余金の配当）」に記入されている－100円です。利益剰余金からマイナスされるという意味で負数表示としています。この配当金が，親会社欄の「受取配当金」ではプラス100円として5,200円の中に含まれています。連結消去でこれらを消去します。

以上の結果，「連結上の利益剰余金（剰余金の配当）」＝「親会社の利益剰余金（剰余金の配当）」となります。

 これも大事なチェックポイントね

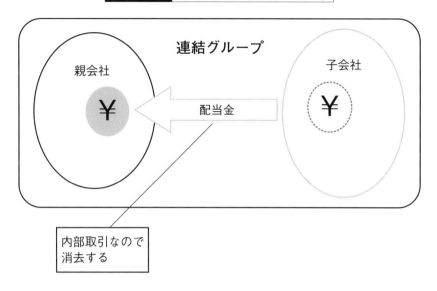

図表47-1 取引の概要（配当金の修正）

連結グループ

親会社

¥

配当金

子会社

¥

内部取引なので
消去する

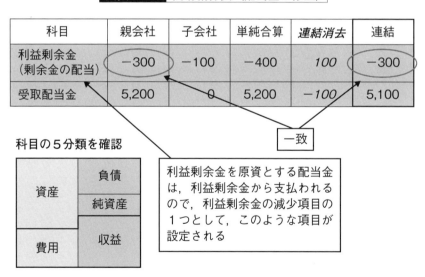

図表47-2 簡易精算表（配当金の修正）

科目	親会社	子会社	単純合算	連結消去	連結
利益剰余金 （剰余金の配当）	−300	−100	−400	100	−300
受取配当金	5,200	0	5,200	−100	5,100

一致

科目の5分類を確認

資産	負債
	純資産
費用	収益

利益剰余金を原資とする配当金
は，利益剰余金から支払われる
ので，利益剰余金の減少項目の
1つとして，このような項目が
設定される

48 連結配当金 ≠ 親会社配当金
子会社が親会社株式を所有している場合

　多くの場合,「連結上の利益剰余金（剰余金の配当）」＝「親会社の利益剰余金（剰余金の配当）」となりますが, 一部例外があります。子会社が親会社株式を所有しているケース（図表48−1）です。

■ 親から子への配当が内部取引

　子会社が所有する親会社株式は, 親会社の配当の対象となります。その場合, 連結グループの枠で見てみると, 親会社から子会社への配当金は内部取引になるので, 連結上消去されます。

　親から子でも, 子から親でも, 枠の中の取引は内部取引だからね

■ 不一致で問題なし

　図表48−2は, このケースを簡易精算表に記入したものです。子会社から親会社への配当はなく, 親会社から子会社への配当があるケースです。

　親会社の実施した配当は,「利益剰余金（剰余金の配当）」の「親会社」欄に記入されている−300円として示されています。利益剰余金から300円を配当したということです。このうち１円が子会社に支払われました。「子会社」欄の「受取配当金」に１円と記入されているのがそれです。この１円を消去します。

　その結果,「連結」の「利益剰余金（剰余金の配当）」は−299円となります。親会社個別では−300円でしたので, 不一致となっていますが, これで問題ないのです。

　不一致の場合は, 差異理由を説明できるかどうかがポイントね

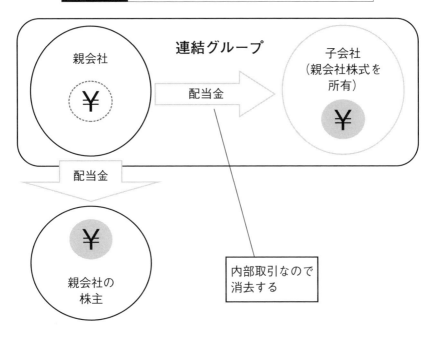

図表48-1 取引の概要（配当金の修正〜例外ケース〜）

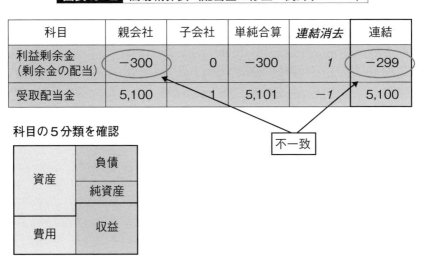

図表48-2 簡易精算表（配当金の修正〜例外ケース〜）

科目	親会社	子会社	単純合算	*連結消去*	連結
利益剰余金 （剰余金の配当）	−300	0	−300	*1*	−299
受取配当金	5,100	1	5,101	*−1*	5,100

科目の5分類を確認

不一致

利益剰余金が「連結＜個別」の意味

　「連結上の利益剰余金＜親会社個別上の利益剰余金」というのは，正常な状態ではありません。特に親会社の個別財務諸表で利益剰余金の数値がプラスであるにもかかわらず，連結財務諸表でマイナスとなっているといった極端な場合は要注意です。

　連結すると利益剰余金が減ってしまうという現象は，連結子会社の中に利益剰余金がマイナスの会社があることを示しています。

　財政状態が悪化している子会社（非上場会社とします）がある場合，親会社の個別財務諸表では子会社株式の評価が議論になります。

　会計基準では，財政状態の悪化により実質価額が著しく低下したときは減損処理しなければなりませんが，回復可能性が十分な証拠によって裏づけられれば，相当の減額をしないことも認められます。グレーゾーンの会計処理が行われやすい領域です。

　仮に，子会社の実質価額が著しく低下しているにもかかわらず，親会社個別財務諸表で子会社株式を減損しなかったとしたら，連結財務諸表はどうなるでしょうか。

　実は連結にはまったく影響が出ません。その子会社を連結すれば，子会社の悪化した財政状態は連結財務諸表に取り込まれるからです。

　そして，極端な場合は，「連結上の利益剰余金＜親会社個別上の利益剰余金」となります。これが必ずしも親会社個別決算の粉飾を示唆するわけではありませんが，立ち止まって考えてみる価値はあります。

第7章

非支配株主とは

49

非支配株主とは誰か？
連結グループとどのような関係があるのか

　本章では非支配株主について掘り下げていきます。

■ 非支配株主とは

　図表49 - 1は，セブン銀行を例に，非支配株主と連結グループの関係を示したものです。

　セブン銀行は，セブン＆アイ・ホールディングスの連結子会社ですが，100％子会社ではありません。この図に記載のとおり，セブン＆アイ・ホールディングスの議決権所有割合は46.4％です。残りの53.6％はセブン＆アイグループとは資本関係のない法人・個人が所有しています。そうした法人・個人をまとめて非支配株主と呼びます。

　セブン銀行を支配しているのは親会社であって，非支配株主はセブン銀行を支配していない株主ということだな

■ 非支配株主のサイフ

　連結グループには2種類の株主が関わっていることがわかります。第1は親会社の株主です。ここではセブン＆アイ・ホールディングスの株主です。第2は連結子会社の非支配株主です。ここではセブン銀行の議決権の53.6％を所有する株主たちです。

　2つの株主はいずれも自分のサイフをセブン＆アイグループの中に設置しています。セブン＆アイ・ホールディングスの株主は，連結貸借対照表の純資産の中に「株主資本」という項目を設けています。非支配株主は，同じく純資産の中に「非支配株主持分」という科目を設けています。イメージとしてはこのようになります。図表7 - 1の連結貸借対照表で再確認してみてください。

　複数の連結子会社で非支配株主持分が発生しても，連結財務諸表上は1つにまとめます

図表49-1 非支配株主と連結グループの関係

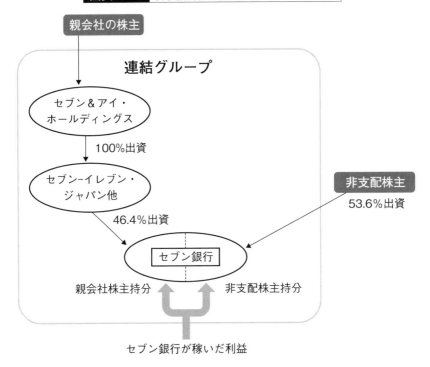

（出所：セブン銀行2021年3月期有価証券報告書およびセブン＆アイ・ホールディングス2021年2月期有価証券報告書により推定のうえ，筆者作成）

50

当期純利益の按分処理
子会社が稼いだ利益は全部親会社のものか？

　図表49-1で，セブン銀行が稼いだ利益が二股に分かれていたのに気がついたでしょうか。これは，連結子会社が稼いだ当期純利益を按分することを示したものです。

■ 非支配株主のサイフに貯金するイメージ

　図表50-1の簡易精算表では，親会社の当期純利益が1,400円，子会社の当期純利益が100円であったとして，子会社が稼いだ利益の按分処理を見ていきます。

　親会社の議決権所有割合が80％なので，非支配株主の持分は20％です。したがって，この子会社が稼いだ当期純利益は，80％が親会社株主に帰属し，20％が非支配株主に帰属します（図表50-2）。その処理を行っているのが簡易精算表の「連結消去」欄であり，「非支配株主持分（当期変動額）」に20円を計上しています。なお，「（当期変動額）」と表記していることは後述します。

　　　　非支配株主のサイフに20％分の利益が貯金されるイメージね

■ 非支配株主の取り分を控除する

　このときセットで動かす科目ですが，新たに「非支配株主に帰属する当期純利益」という科目を設けます。これは連結損益計算書の科目で，当期純利益の控除科目です。

　連結損益計算書では，「当期純利益」は最終損益ではありません。図表8-1の連結損益計算書で見たように，その下に「非支配株主に帰属する当期純利益」があります。連結子会社の当期純利益のうち，非支配株主に帰属する分を控除項目として表示するのです。

　　　　非支配株主に帰属する当期純利益は，実務上は，費用項目という捉え方で弊害はないね

図表50−1　簡易精算表（当期純利益の按分）

子会社の稼ぎのうち非支配株主に帰属する分を非支配株主のサイフに入れるイメージ

親会社の出資比率は80%とする

科目	親会社	子会社	単純合算	連結消去	連結	
非支配株主持分（当期変動額）	−	−	0	20	20	} B/S
当期純利益	1,400	100	1,500		1,500	}
非支配株主に帰属する当期純利益	−	−	0	20	20	} P/L
親会社株主に帰属する当期純利益	−	−	1,500	−20	1,480	

科目の5分類を確認

資産	負債
	純資産
費用	収益

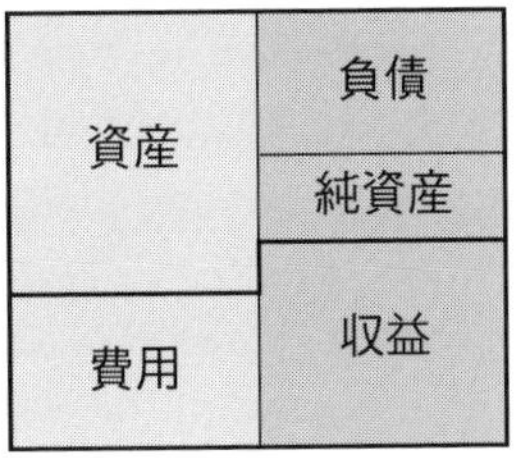

子会社が稼いだ利益100は，親会社株主に帰属する80と非支配株主に帰属する20からなる

非支配株主に帰属する20を当期純利益から控除する項目に振り替えている

図表50−2　当期純利益按分イメージ

連結子会社の当期純利益　100

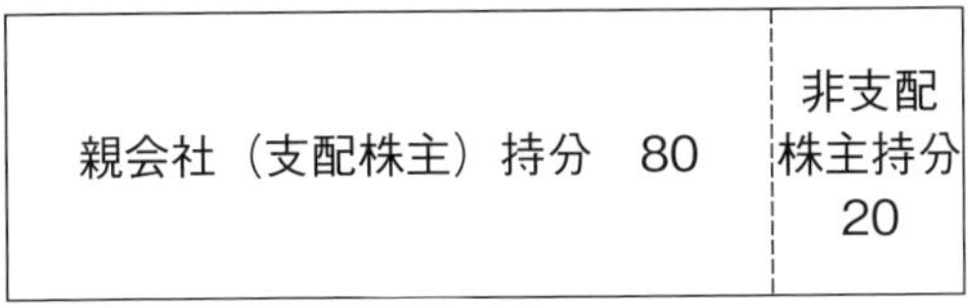

親会社（支配株主）持分　80	非支配株主持分20

51

連結P/Lの下から2行目
「非支配株主に帰属する当期純利益」とは？

　前項で出てきた「非支配株主に帰属する当期純利益」について，連結損益計算書のフォームと照らし合わせながら，整理しておきます。

■ 連結P/Lと個別P/Lの「当期純利益」の違い

　図表51−1は，連結損益計算書と損益計算書の末尾部分を比較したものです。ここで注目していただきたいのは，当期純利益の「位置」です。損益計算書では一番下にありますが，連結損益計算書では下から3行目にあります。損益計算書では，「当期純利益」は最終利益を示していますが，連結損益計算書ではそうではないということです。これは単に位置だけの話ではなく，それぞれの示す意味も違います。

 同じ当期純利益でも，連結と個別で意味合いが違うのか

■ 当期純利益の下で非支配株主の取り分を控除

　連結損益計算書の当期純利益は，図表50−1からわかるように，親会社と子会社の個別上の当期純利益を単純合算した額になっています。本物の連結精算表では，未実現利益の消去等がなされることによって，個別上の当期純利益の単純合算とは異なる値になってきますが，いずれにしても，連結上の当期純利益には非支配株主の取り分が含まれています。

　連結損益計算書というのは，親会社の株主の取り分がいくらなのかを計算することを目標としているので，そこから「非支配株主に帰属する当期純利益」を控除します。図表50−1で行った処理は，連結損益計算書上ではそのように表示されます。当期純利益を，親会社株主帰属分と非支配株主帰属分に配分しているという見方でもよいです。

 非支配株主に帰属する当期純利益は，語尾が利益となっているけど，当期純利益からマイナスされますね

図表51−1　連結P/Lと個別P/Lの末尾表示の比較

セブン＆アイ・ホールディングス連結損益計算書（抜粋）

（単位：百万円）

税金等調整前当期純利益		258,776
法人税，住民税及び事業税	46,369	
法人税等調整額	18,069	64,439
当期純利益		194,337
非支配株主に帰属する当期純利益		15,074
親会社株主に帰属する当期純利益		179,262

（出所：セブン＆アイ・ホールディングス第16回定時株主総会招集ご通知）

個別損益計算書の末尾（一般的な例）

税引前当期純利益		＊＊＊
法人税，住民税及び事業税	＊＊＊	
法人税等調整額	＊＊＊	＊＊＊
当期純利益		＊＊＊

> • 個別では当期純利益が最終損益となる
> • 連結損益計算書の当期純利益とは意味合いが違う

52

非支配株主持分の期中変動
「非支配株主持分当期変動額」とは？

　図表50 - 1の簡易精算表で，「非支配株主持分（当期変動額）」という科目が出てきました。非支配株主持分の期末残高を増やす処理に際して使用した科目ですが，なぜ「（当期変動額）」となっているのでしょうか。

■ 「非支配株主持分（当期変動額）」は科目名か

　「非支配株主持分（当期変動額）」という科目は連結財務諸表上，見当たらないため，理解に苦しんでいる入門者の方が多いようです。

　実は，この科目は連結株主資本等変動計算書の科目ないしは項目に当たるものです。

　図表52 - 1は，図表9 - 1のセブン＆アイ・ホールディングスの連結株主資本等変動計算書より一部を抜粋したものですが，「非支配株主持分」欄の「株主資本以外の項目の連結会計年度中の変動額（純額）」が「非支配株主持分（当期変動額）」に該当します。

　これはわかりにくい

■ 非支配株主持分の期中増減を把握する

　図表52 - 1を見れば明らかですが，連結株主資本等変動計算書を作成するには，非支配株主持分について，期末残高のみならず期首残高と期中増減額も把握しておかなければなりません。

　したがって，連結手続の中で連結貸借対照表の非支配株主持分を動かす処理を行う場合は，それが期首残高に対するものなのか，期中増減額に対するものなのかを区別しなければならないのです。「非支配株主持分（当期変動額）」はそのための科目名（項目名）です。

　連結株主資本等変動計算書をあえて意識しないのであれば，非支配株主持分（当期変動額）は非支配株主持分という連結貸借対照表の科目で簡単に考えてもよいということですね

図表52-1 セブン&アイ・ホールディングス連結株主資本等変動計算書（抜粋）

（単位：百万円）

	非支配株主持分
令和2年3月1日残高	155,295
連結会計年度中の変動額	
剰余金の配当	
親会社株主に帰属する当期純利益	
自己株式の取得	
自己株式の処分	
その他	
株主資本以外の項目の連結会計年度中の変動額（純額）	7,056
連結会計年度中の変動額合計	7,056
令和3年2月28日残高	162,352

（出所：セブン&アイ・ホールディングス第16回定時株主総会
招集ご通知に際してのインターネット開示事項）

非支配株主持分の期中変動額の
表示が求められる

53

非支配株主への配当
非支配株主持分減額の意味

　子会社が100％子会社でない場合について，子会社の配当金に関する修正処理を見ていきます。非支配株主への配当がある場合です。

■ 非支配株主への配当をどう処理するか

　図表53−1に取引の概要を示しました。親会社の議決権所有割合を80％として，子会社が100円の配当を実施したケースです。100円のうち80円が親会社に支払われ，20円が非支配株主に支払われます。

　この場合，連結グループの枠内の取引は内部取引なので消去します。子会社から親会社へ配当金80円を支払った取引です。

　一方で，非支配株主に支払われた配当金20円は，連結グループの枠を超えた取引なので，消去対象とはなりません。これをどう処理するかがここでのポイントです。

 非支配株主に支払った20円を，連結上の剰余金の配当に含めるかどうかという話だね

■ 非支配株主への配当は非支配株主持分の減少

　図表53−2に簡易精算表を示しました。「子会社」欄の「利益剰余金（剰余金の配当）」に−100円と記入されており，これが実施した配当の額です。「連結消去」欄では，そのうち−80円が内部取引であるため，親会社の受取配当金とセットで消去し，−20円を非支配株主持分に振り替えています。非支配株主への配当は，連結上の剰余金の配当に含めずに，非支配株主持分の減額とするのです。

　会社が稼いだ利益のうち非支配株主に分配される額は，非支配株主持分という科目にプールされているので，非支配株主への配当は，非支配株主がそこからおカネを引き出したかのごとく処理するのです。

 この結果，連結配当金＝親会社配当金となりますね

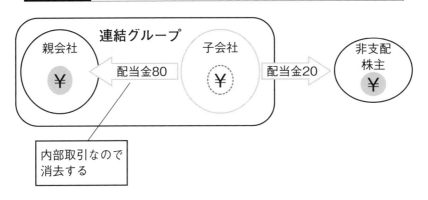

図表53-1　取引の概要（配当金の修正～100％子会社でない場合～）

連結グループ

親会社　¥

子会社　¥

非支配株主　¥

配当金80　配当金20

内部取引なので消去する

図表53-2　簡易精算表（配当金の修正～100％子会社でない場合～）

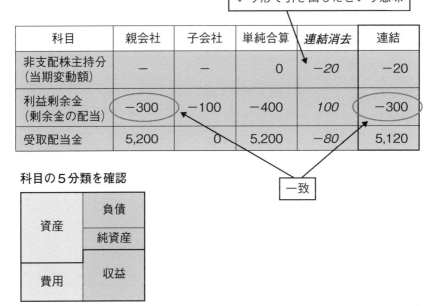

非支配株主の持分として子会社内に留保していた利益を配当という形で引き出したという意味

科目	親会社	子会社	単純合算	連結消去	連結
非支配株主持分（当期変動額）	−	−	0	−20	−20
利益剰余金（剰余金の配当）	−300	−100	−400	100	−300
受取配当金	5,200	0	5,200	−80	5,120

一致

科目の5分類を確認

資産	負債
資産	純資産
費用	収益

54

アップストリームの処理
非支配株主と棚卸資産の未実現利益

　棚卸資産の未実現利益の消去に関して，非支配株主が関係するケースがあります。アップストリームと呼ばれるケースです。

■ ダウンストリームとアップストリーム

　第5章で説明した棚卸資産の未実現利益消去の処理は，親会社から子会社への販売で発生する未実現利益に関するものでした。親から子へという方向性であることから，連結会計ではダウンストリームと呼ばれます。アップストリームというのはその逆で，子会社から親会社への販売で発生する未実現利益を扱います。

　図表54-1のとおり，子会社から親会社へ販売したメロンが，親会社に在庫として残っています。連結消去の考え方は第5章と同じで，800円の未実現利益を消去します。図表54-2の「棚卸資産」と「売上原価」の「連結消去」欄で，800円をマイナスしています。

　結果，棚卸資産は1,000円になり，辻褄があうよね

■ 子会社の未実現利益消去は非支配株主にも負担させる

　アップストリームのケースでは，子会社に非支配株主が存在すると，追加処理が必要になります。このケースでは非支配株主持分が20％です。

　消去された800円の未実現利益は，子会社の個別決算で計上されていた利益です。連結会計では，子会社の利益を親会社株主と非支配株主で分け合うことになるので，連結消去で利益が消去される場合も非支配株主に負担させます。図表54-2で非支配株主持分を160円減らし，同時に非支配株主に帰属する当期純利益を減らしているのがその処理です。

　この処理はうっかり忘れてしまいそうね

図表54 - 1　取引の概要（アップストリーム）

子会社がメロン1個を1,000円で仕入れ，その後，親会社に1,800円で販売。
メロンが親会社の店の棚に並べられた時点で期末を迎えた

ただし，親会社の議決権所有割合は80%とする

図表54 - 2　簡易精算表（アップストリーム）

科目	親会社	子会社	単純合算	連結消去	連結
棚卸資産	1,800	0	1,800	−800	1,000
売上原価	0	1,000	1,000	800	1,800
非支配株主持分 （当期変動額）	—	—	0	−160	−160
非支配株主に帰属 する当期純利益	—	—	0	−160	−160

科目の5分類を確認

資産	負債
	純資産
費用	収益

棚卸資産に含まれる
未実現利益を控除し
ている

消去した未実現利
益のうち，20%を
非支配株主に負担
させている

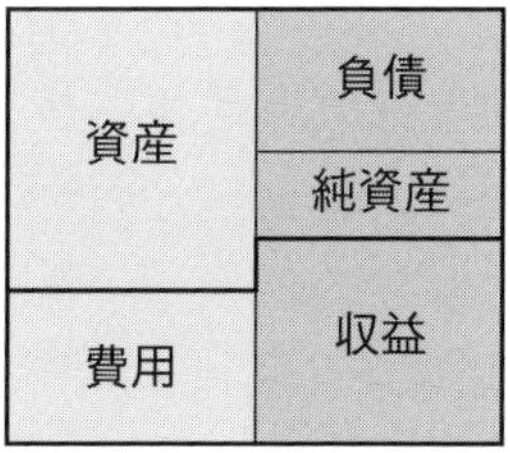

連結会計の全体像を再確認

　連結会計の手続というのは，全体をひととおり学ばないと理解できない部分があります。第4章以降，連結手続を各章1テーマで解説してきましたが，それらは相互に関連しています。

　たとえば，本章では非支配株主に関する処理を解説しましたが，非支配株主関連の処理は，投資と資本の消去のみならず，当期純利益の按分や配当金の修正，そして棚卸資産の未実現利益の消去にも関係してきます。投資と資本の消去と配当金の修正は第6章で，棚卸資産の未実現利益の消去については第5章でそれぞれ解説しているので，本章と第5章・第6章を行ったり来たりしながら読むことになります。

　棚卸資産の未実現利益の消去に関しては，取引の消去とも深く関連しているので，第4章にも戻らなければいけないかもしれません。

　たとえば，前ページの図表54-2で，未実現利益消去後の連結ベースの売上原価が1,800円となっていることは，取引の消去を考慮しないと理解できません。図表54-2では，親子会社間の販売取引1,800円を消去する処理を載せていませんが，実際にはその処理をあわせて行うことにより，連結ベースの売上原価が0円になります。

　この設例では，図表54-1のとおり，連結グループとしての外部売上高は上がっていませんので，売上原価は0円になるのです。にもかかわらず，1,800円となっているのは，取引の消去を載せていないためです。

　以上のとおり，本章までの内容について，いったん全体像を再確認してみるとよいでしょう。

第8章

連結特有の難解テーマ

55 のれん①
のれんが発生するしくみ

　図表7-1のセブン＆アイ・ホールディングスの連結貸借対照表を見ると，無形固定資産に「のれん」という科目が計上されています。のれんは，個別決算で計上されているものが連結決算に集計されているものもありますが，多くは，連結決算で新たに計上されます。

■ 会社の帳簿上の価値

　図表55-1に，連結決算でのれんが発生するしくみを示しました。

　P社（親会社になる会社）がS社（子会社化される会社）を買収するケースです。当年度末に，P社はS社の議決権の80％を取得して子会社化しました。S社の当年度末における貸借対照表が図表55-1のとおりだったとします。会社の帳簿上の価値は，貸借対照表の資産と負債の差額として計算されます。純資産の額です。

 　資産と負債をネットした資産だから純資産，すなわち会社の価値というわけだ

　ここでは500,000円です。このうち80％相当を取得したので，500,000円の80％で，400,000円の価値となります。

■ 純資産額を上回る取得価額

　しかし，P社はこれを600,000円で取得しました。200,000円も高い価額で取得したのです。

　これには理由があります。S社には，帳簿に表れていない価値が認められるのです。それは，たとえば，P社がS社を子会社化し，共同で事業を行う場合に期待される相乗効果等です。掴みどころのない価値ですが，実際に企業を買収する場合はそういうものを期待していることが多いです。これが連結決算でのれんに計上されます。

 　P社の個別決算上は子会社株式に含まれていて，のれんにはなっていませんね

図表55-1　連結会計におけるのれんの認識

S社の貸借対照表　　　　　　　　　　　　（単位：円）

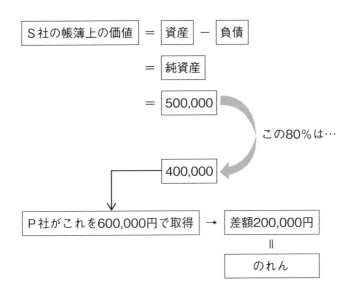

（注）⁴⁴項の資産・負債の時価評価についてはここでは省略している。

56

のれん②
投資と資本の消去時に認識される連結上ののれん

　連結上ののれんが認識されるプロセスを図表56-1の簡易精算表で見ていきます。図表55-1の設例を使っています。

■ P社の投資勘定を消去

　P社の投資（子会社株式）に計上されている600,000円はS社株式です。600,000円で取得したものなので，その価額で計上されています。P社はS社の株主からS社株式を取得しており，取引自体は内部取引ではありませんが，S社株式はS社の資本金等と対応しているので，全額消去します。この結果，一番右の「連結」欄は0となります。

　投資勘定のすべてが連結子会社の株式であれば，連結上の残高は0になるね

■ 差額がのれんに

　S社の資本金，資本剰余金，利益剰余金は，P社によるS社の支配獲得時の純資産であり，このうちの80％は上記S社株式とセットで消去されます。残りの20％は非支配株主に帰属する子会社純資産なので，非支配株主持分に振り替えます。この結果，S社の資本金，資本剰余金，利益剰余金は全額消去されます。「連結」欄を見ると，資本金残高が親会社資本金と一致していることも確認できます。

　しかし，以上の処理を行っても，決算書の左右のバランスが釣り合いません。原因は，簿価400,000円の株式を600,000円で取得しているからです。その差額200,000円をのれんとして計上します。

　P社の投資勘定が200,000円消去できずに宙に浮くけど，それがのれんになるのね

　なお，日本の会計基準では，認識したのれんは，20年以内の一定期間で償却していきます。この処理も連結手続の一環として行います。

図表56−1　簡易精算表（のれん）

投資（子会社株式）は全額内部取引なので，消去する

取得価額のうち，簿価を上回る部分をのれんに計上する

資本金等の20%は非支配株主持分へ振り替える

科目	親会社(P社)	子会社(S社)	単純合算	連結消去	連結
のれん	0	0	0	200,000	200,000
投資（子会社株式）	600,000	0	600,000	−600,000	0
非支配株主持分	−	−	−	100,000	100,000
資本金	500,000	300,000	800,000	−300,000	500,000
資本剰余金	500,000	100,000	600,000	−100,000	500,000
利益剰余金	0	100,000	100,000	−100,000	0

科目の5分類を確認

資産	負債
	純資産
費用	収益

支配獲得時の子会社S社の資本金等はすべて消去される

親会社資本金と一致

57

為替換算調整勘定①
この科目は何か，なぜ発生するのか

　為替換算調整勘定は，企業の海外進出と関係がある科目です。海外に連結子会社がある場合に発生します。

　連結貸借対照表を見て，為替換算調整勘定があれば，海外に子会社があるってことね

　図表7-1のセブン＆アイ・ホールディングスの連結貸借対照表にも為替換算調整勘定があります。米国子会社の7-Eleven, Inc.をはじめとする在外子会社があるためです。以下，この科目が発生するしくみを見ていきましょう。

■ 複数の為替レートで換算

　海外連結子会社の財務諸表は，外貨で表示されています。外貨建財務諸表を親会社で連結するには，円貨に換算する作業が必要です。

　では，その際の換算レートはいつの為替レートを使用するのかというと，これが複雑なのです。

　図表57-1に示したとおり，財務諸表の項目によって，どのような為替レートで換算するかが定められています。なぜそうなっているかについては割愛しますが，要は複数の為替レートで換算しなければならないところが，ここでのポイントです。

■ 換算で生じるアンバランス

　外貨建ての財務諸表を複数の為替レートで円換算するとどうなるでしょうか。

　図表57-1は，海外子会社のドル表示財務諸表のイメージ図で，貸借対照表と損益計算書を組み合わせた形になっています。すでに説明したとおり，この図では常に左側合計と右側合計が同額になります。ドル表示の状態で左右が釣り合っているという意味です。

　これを連結するために，複数の為替レートで円換算します。パッと見

図表57-1 　海外子会社の財務諸表の円換算レート

ドル表示の財務諸表を複数のレートで円換算すると，
左右のバランスが失われる

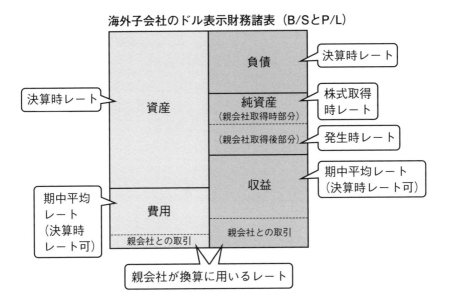

海外子会社のドル表示財務諸表（B/SとP/L）

決算時レート → 資産

決算時レート → 負債

純資産（親会社取得時部分） ← 株式取得時レート

（親会社取得後部分） ← 発生時レート

収益 ← 期中平均レート（決算時レート可）

期中平均レート（決算時レート可） → 費用

親会社との取引　　親会社との取引

親会社が換算に用いるレート

ただけでも5種類の為替レートがあります。

よほどの偶然でもない限り，左右のバランスが崩れるよな

　換算によって左右のバランスが崩れると，もはやそのままでは連結することができません。そこで，これを調整する必要が出てきます。その調整作業で発生する科目が為替換算調整勘定です。

58 為替換算調整勘定②
発生のしくみを直感的に理解

　ドル表示の財務諸表を複数の為替レートで換算した結果，左右アンバランスになった状態を図表58-1に示しました。このアンバランスの調整を2つに分けて行います。

■ 損益計算書の調整

　まず損益計算書で生じたアンバランスの調整作業です。損益計算書でアンバランスが生じるのは，親会社との取引について，それ以外の収益費用項目の換算レート（期中平均レートとします）と異なる為替レート（親会社が換算に用いたレート）で換算したためです。

　　親会社では，個々の取引が行われた時のそのレートで計上しているから，期中平均レートとは違うもんな。その差か

　これにより生じた差額を為替差損益に計上します。これが1つ目の調整です。

　　損益計算書を一律に期中平均レートで換算して，親子間の取引消去で差額を為替差損益にしても，結果は同じね。いずれにしても，海外子会社の当期純利益は，ドルベースの当期純利益を期中平均レートで換算した額になるわね

■ 貸借対照表の調整

　2つ目の調整は貸借対照表のほうです。損益計算書のアンバランスを解消してもまだアンバランスになっているのは，貸借対照表の換算からもアンバランスが生じているからです。純資産とそれ以外の項目とで換算レートが違うのが原因です。このアンバランスを解消するために，財務諸表（貸借対照表と損益計算書の合算図）の左右の差額を為替換算調整勘定として計上します。

図表58-1　左右アンバランスになった財務諸表

円換算によって生じた左右のアンバランス

海外子会社の円換算後財務諸表（B/SとP/L）

資産	負債
	純資産（親会社取得時部分）
	（親会社取得後部分）
	収益
費用	親会社との取引
親会社との取引	

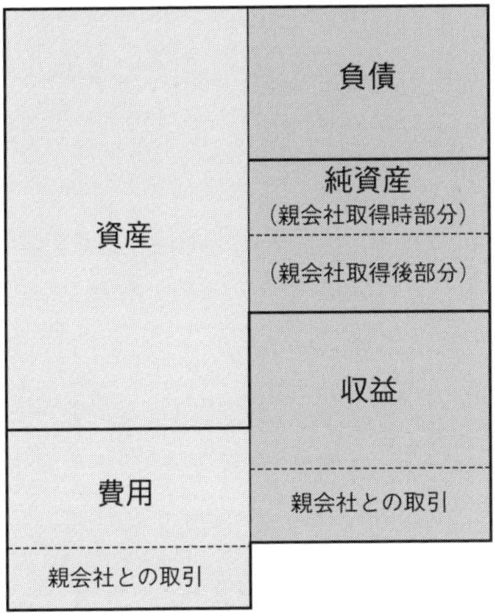

図表58-2　アンバランスの調整

海外子会社の円換算後財務諸表（B/SとP/L）

資産	負債
	純資産（親会社取得時部分）
	（親会社取得後部分）
	為替換算調整勘定
	収益
費用	為替差損益
親会社との取引	親会社との取引

調整方法②
→B/Sから生じた差額は
　為替換算調整勘定とする

調整方法①
→P/Lから生じた差額は
　為替差損益とする

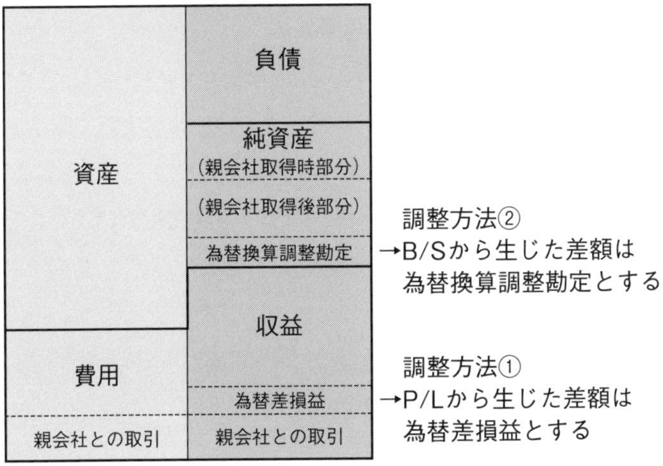

59 為替換算調整勘定③
残高のプラス・マイナスの意味は？

　為替換算調整勘定は，残高がプラス表示となる場合もあれば，マイナス表示（数字の先頭に△が表示されている）となる場合もあります。その意味を考えてみましょう。

■ 為替の変動により持分が増加

　図表59 - 1 は，為替換算調整勘定がプラスのケースを示しています。親会社がこの会社の株式を取得して子会社化した時の為替レートが 1 ドル80円でした。それが現在， 1 ドル100円になっているという状態です。

　資産と負債を 1 ドル100円で，純資産を 1 ドル80円で換算すると，右（資産）と左（負債＋純資産）のバランスが崩れます。それを調整するために，純資産の中に為替換算調整勘定という科目を設定して，換算により生じた左右の差額を計上したのが，図表59 - 1 です。為替の影響により投資金額が成長したことを意味します。

　　　子会社をドル建資産だと考えると，円安になって資産が膨らんだってことだな

■ ドル投資後にドル高になったのと同じ

　同じことを，通貨の価値で説明することもできます。子会社に投資（ドル投資）した時は 1 ドル80円でした。それが現在は 1 ドル100円になっています。円安，すなわちドル高になったわけです。子会社への投資が，為替の点ではよい方向に動いたといえます。

　為替換算調整勘定がマイナスの場合は，これと逆です。その子会社が儲かっているかどうかとは別に，為替の点では含み損を抱えてしまった状態です。

　　　海外子会社への投資の成果については，その会社の業績と為替の変動の 2 つの要因を考えないといけないのね

図表59-1 為替による持分増加のイメージ

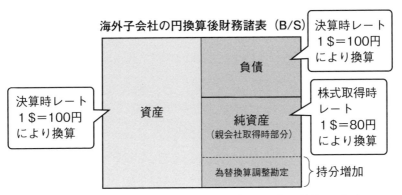

海外子会社の円換算後財務諸表（B/S）

決算時レート
1＄＝100円
により換算

負債

株式取得時
レート
1＄＝80円
により換算

決算時レート
1＄＝100円
により換算

資産

純資産
（親会社取得時部分）

為替換算調整勘定　｝持分増加

単純化のため，親会社による株式取得時以降の利益は0とする

【考え方】

1＄＝80円の時に，外貨に投資

その後，1＄＝100円に！（投資したドルが強くなったということ）

＄ベース元本が変わらなくても，円換算額は増加！

為替により儲かっている（上図の為替換算調整勘定部分）

退職給付に係る調整①
年金制度と退職給付会計の関係

　図表60-1は，図表7-1のセブン＆アイ・ホールディングスの連結貸借対照表のうち，退職給付会計に関する科目を抜き出したものです。いずれも連結特有の科目ですが，特に「退職給付に係る調整累計額」は，科目名からして難解です。以下，順に探っていきましょう。

■ 退職給付会計の知識が必須

　「退職給付に係る調整累計額」は2分野の知識にまたがった科目です。連結会計と退職給付会計です。

　　　　連結の知識だけじゃ理解できないのか

　そこでまず，退職給付会計とはそもそも何かというところから，おさらいをしていきましょう。退職給付というのは，退職金や年金のことです。会社員が会社を辞めた時にもらえる老後の資金のことです。

　以下，年金を中心に会計との関係を説明していきます。

■ 退職給付会計の対象は年金制度の3階部分

　現在の日本では，老後を支える年金制度は3階建てになっています（図表60-2）。1階は国民年金（基礎年金）といって，国民全員が対象になっている土台の年金です。2階は厚生年金といって，会社員等を対象とした上乗せ部分の年金です。1階と2階は国の制度なので，公的年金と呼ばれます。

　3階部分は企業独自の年金で，私的年金と呼ばれています。良質な労働力を確保する目的で，各企業が手厚い福利厚生を用意したというのが，3階部分です。基本的にこの3階部分が，いわゆる退職給付会計の対象となってきます（なお，他に退職一時金も対象です）。

　　　　3階部分には，個人で任意に加入する年金もありますが，それは企業の会計処理とは無関係ですね

図表60－1　退職給付会計に関する科目

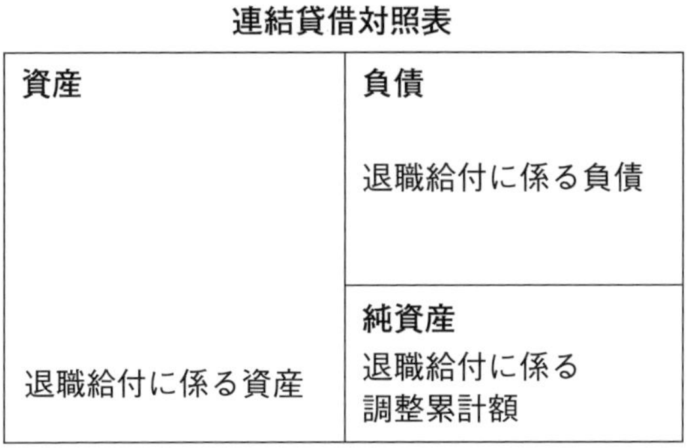

連結貸借対照表
資産
退職給付に係る資産
負債
退職給付に係る負債
純資産
退職給付に係る
調整累計額

図表60－2　年金制度の概観

私的年金
公的年金
3F　企業年金
2F　厚生年金
1F　国民年金
（基礎年金）
退職給付会計の対象

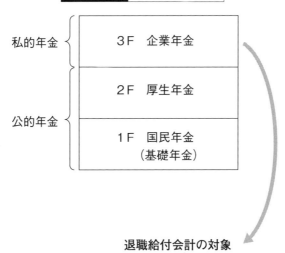

61 退職給付に係る調整②
確定給付年金と退職給付会計

　年金制度の3階部分は，以下の2類型に分けることができます。

　確定給付年金と確定拠出年金です。「退職給付に係る調整累計額」は，このうち確定給付年金と関係しています。

■ 確定給付と確定拠出

　確定給付というのは，将来の給付額が，あらかじめ算定式によって計算できるということです。その給付額から逆算する形で，現在の掛金額が決まってきます。

　一方，確定拠出というのは，掛金額のほうがあらかじめ決まっているということです。将来の給付額のほうはどうなるのかといえば，それは今後の運用次第です。しかも，運用責任は個人にあるので，運用が失敗しても会社側に追加負担の義務はありません。

　確定拠出型の場合，掛金の額をその都度費用処理すれば，会計処理はそれで終わりだね

■ 退職給付債務と年金資産の差額が退職給付に係る負債

　問題は確定給付年金の会計処理です。これがいわゆる退職給付会計のことで，「退職給付に係る調整累計額」につながっていきます。

　確定給付の会計処理で軸となるのは，退職給付債務と年金資産です。退職給付債務は，企業が将来支払うべき退職給付の額を現時点で捉え直した額のことです。年金資産は，企業が退職給付を支払うためにプールしている資金です。

　大雑把にいえば，退職給付債務から年金資産を差し引いた差額は，企業がまだ用意できていない額ということになり，これが「退職給付に係る負債」として連結貸借対照表に計上されます。

　不足している部分を会社で負債計上するということね

図表61-1 確定給付と確定拠出

	確定給付型	確定拠出型
掛金の額	給付額から逆算する	あらかじめ決まっている
会社の追加負担	あり	なし
会計処理	いわゆる退職給付会計による複雑な処理	掛金額を費用処理

図表61-2 退職給付会計の概観イメージ

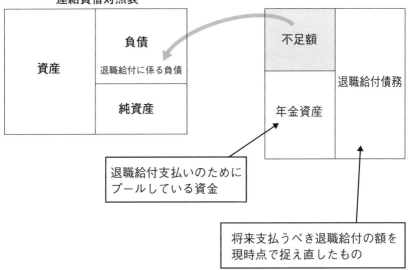

連結貸借対照表

資産

負債
退職給付に係る負債

純資産

不足額

年金資産

退職給付債務

退職給付支払いのためにプールしている資金

将来支払うべき退職給付の額を現時点で捉え直したもの

62 退職給付に係る調整③
数理計算上の差異と過去勤務費用

　退職給付債務から年金資産を差し引いた差額が「退職給付に係る負債」であると説明しましたが，実は話はそう単純ではありません。

■ 見積要素が入り込む

　なぜ単純ではないかというと，退職給付債務にしても年金資産にしても，カッチリ金額が確定していないからです。どちらも見積要素に基づいて計算されているのです。

　確かに，誰がいつ辞めるかなんてわからないし，その時のために会社としていくら用意しておけばいいなんて，確実なことはいえませんからね

■ 数理計算上の差異と過去勤務費用

　見積りですから，1年前の見積りと現時点の見積りで差が生じることがあります。また，1年前の見積りと現時点での実績とで差が生じることもあります。退職給付債務と年金資産は，これらにより誤差が生じます。この誤差を「数理計算上の差異」といいます。

　さらに，退職給付債務については，退職給付制度の改訂により退職給付の水準が変わることがあります。そうすると，これまで把握していた退職給付債務の額が増減します。この変動差額のことを「過去勤務費用」といいます。

　数理計算上の差異と過去勤務費用は，退職給付債務と年金資産の額を変動させ，退職給付に係る負債に影響を及ぼしますが，損益への織り込みは今すぐにではなく，将来にわたって一定期間で織り込むことが認められています。

　見積りのブレだから，一括計上せずに，按分して費用計上するという趣旨か

図表62-1　数理計算上の差異のイメージ

1年前

現時点

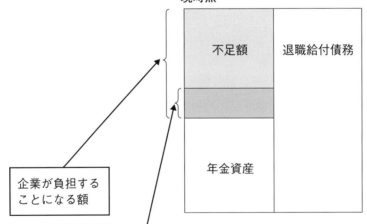

企業が負担する
ことになる額

数理計算上の差異等

一括費用処理せずに一定期間で償却することが認められている

63 退職給付に係る調整④
連結で即時に認識される未認識項目

　按分処理の結果，数理計算上の差異と過去勤務費用には，「発生した けれども費用処理されていないもの」が出てきます。これを未認識数理 計算上の差異，未認識過去勤務費用といいます（以下では，合わせて未 認識項目といいます）。

　この未認識項目の会計処理は，連結財務諸表と個別財務諸表で異なり ます。

■ 連結貸借対照表では未認識項目を即時に認識する

　連結財務諸表では，未認識項目を「退職給付に係る負債」という科目 に含めます（ケースにより逆サイドに出る場合もあり，その場合は「退 職給付に係る資産」となります）。未認識項目については，費用に計上 するのが来期以降になるので，それまでは純資産の部に以下の科目名で 計上します。「退職給付に係る調整累計額」です。

 見積りを原因として発生した未認識項目について，負債の見合 いで純資産に計上したものということですね

　その他の包括利益として計上したうえで，純資産の部に計上されるの で，純資産の部のその他の包括利益累計額の一項目として，「退職給付 に係る調整累計額」に累積されるイメージです。

■ 個別貸借対照表では認識が遅延する

　一方，個別財務諸表のほうでは，上記のような処理は一切行われませ ん。未認識項目が発生しても，その時点では特に財務諸表上には出てこ ないのです。未認識項目のうち毎期費用計上した部分について，退職給 付引当金に織り込まれます。

 連結では退職給付に係る負債，個別では退職給付引当金となる のは，そういう違いからだったのか

図表63-1　退職給付の会計処理における連結と個別の違い

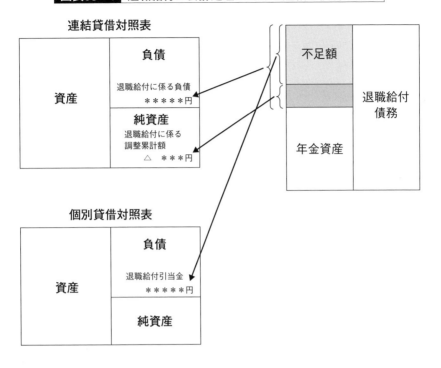

64

連結特有の税効果
棚卸資産の未実現利益の消去を例に

　連結手続の結果，連結貸借対照表と個別貸借対照表の資産・負債の簿価に差が発生した場合，その差額に税効果を認識します。以下，棚卸資産の未実現利益の消去を例に説明します。

■ 連結上と個別上の簿価の差に着目

　第5章で見たとおり，棚卸資産の未実現利益は連結手続で消去されます。その結果，棚卸資産の簿価は連結貸借対照表と子会社の個別貸借対照表とで異なってきます（図表64-1）。その差額に税効果を認識するというのが，連結特有の税効果です。

　未実現利益は連結決算で消去されますが，資産の売却元の親会社の個別決算では利益計上されており，税金も払います。したがって，単に未実現利益を消去しただけでは，当年度（第1年度）の連結損益計算書上，利益が消去されたにもかかわらず，その分の税金は計上された状態となります。

　有税で資産の額を減らしたみたいな状態だよね

■ 利益計上と課税のズレを一致させる

　その状態のまま，翌年度（第2年度）にこの棚卸資産が企業グループ外の第三者に売却できたとします。連結決算上，前年度連結決算で消去した未実現利益が実現します。しかし，課税は親会社の個別決算で第1年度に終了しているので，第2年度での課税はありません。つまり，第2年度の連結損益計算書では，利益が計上されたにもかかわらず，その分の税金の計上がないわけです（図表64-2）。

　以上のとおり，未実現利益の消去を行うと，連結決算では課税が利益計上に先行します。そのズレをなくすために，連結上で課税を繰り延べるというのが，連結上の税効果処理です。

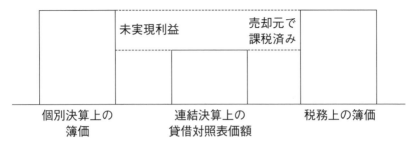

図表64－1　連結上と個別上の棚卸資産額の違い

未実現利益

売却元で
課税済み

個別決算上の
簿価

連結決算上の
貸借対照表価額

税務上の簿価

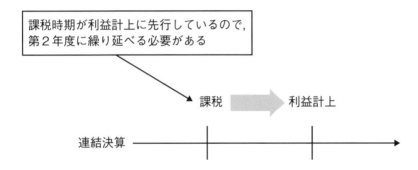

図表64－2　連結決算における課税時期のズレ

課税時期が利益計上に先行しているので，
第2年度に繰り延べる必要がある

課税　　利益計上

連結決算

利益計上
課税

個別決算
（親会社）

第1年度　　第2年度

連結上の税効果は難しそうね

　なお，本書においては，本項以外のすべてで，税効果を無視した処理
を示しています。

65 連結決算上の自己株式
子会社が所有している親会社株式の振替え

　自己株式の残高が，連結貸借対照表と個別貸借対照表で異なっている会社があります。たとえば，セブン＆アイ・ホールディングスの場合も，連結貸借対照表（図表7-1）と個別貸借対照表（図表11-1）で異なっています。なぜそうなるのでしょうか。

■ グループが所有している親会社株式

　自己株式というのは，企業が自ら所有している自社の株式のことですが，連結決算では少し範囲が広がり，企業グループが所有している親会社株式となります。

 連結会計では企業グループを主体で考えるから，自己株式もそう捉えるということか

　したがって，連結子会社が保有する親会社株式は，連結貸借対照表上，親会社持分相当額を自己株式とします。また，後述する持分法の適用対象会社が所有している親会社株式等についても，同様の処理を行います。

 これに対して連結子会社が所有している連結子会社自身の株式は，連結上の自己株式には含まれないということね

■ 時価評価を戻し処理する

　連結子会社等が所有している親会社株式等を連結上の自己株式に振り替えるにあたっては，留意点があります。

　連結決算を行う親会社は，通常，上場会社なので，連結子会社等の個別決算上，親会社株式等を毎期時価評価しています。一方で，自己株式は連結上も時価評価の対象にはなりません。したがって，親会社株式等を連結上の自己株式に振り替える際には，時価評価を戻し処理し，連結子会社等での取得価額で振り替えることになります。

図表65-1　簡易精算表（自己株式の振替え）

純資産の控除科目なので，便宜的に資産サイドの科目に分類している

子会社では，親会社株式を投資有価証券勘定に計上していることとする（取得原価1,800円，期末時価3,000円）

科目	親会社	子会社	単純合算	連結消去1	連結消去2	連結
投資有価証券	0	3,000	3,000	-1,200	-1,800	0
自己株式	50,000	0	50,000		1,800	51,800
その他有価証券評価差額金	0	1,200	1,200	-1,200		0

科目の5分類を確認

資産	負債
	純資産
費用	収益

子会社での期末の時価評価を戻し，取得原価に直している

自己株式勘定に振替え（子会社は100％子会社であるとし，全額を振り替えている）

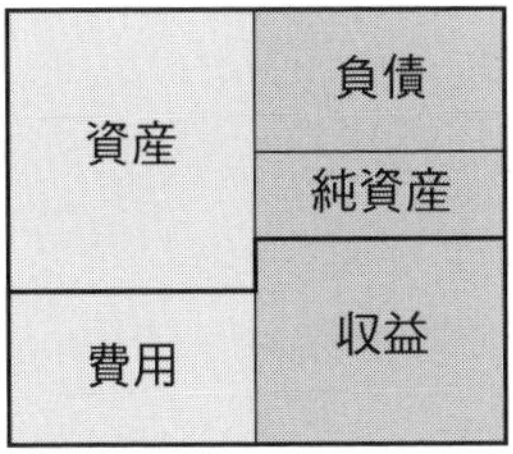

退職給付に係る調整累計額の△

　「退職給付に係る調整累計額」という科目は，連結決算書等の表示実務において，単純なミスがよく見受けられます。この科目の残高を示す数字の前に△を付け忘れるといったミスです。

　退職給付に係る調整累計額は，本章で解説したとおり，見積計算が原因で発生するものです。したがって，プラスになることもあればマイナスになることもあります。純資産の部に表示される科目なので，純資産に対してプラスかマイナスかということなのですが，いずれにしても，年度によって方向が逆転することがあるのです。そのためか，△を付け忘れたり，あるいは，プラスであるのに△を付けてしまったりといったミスが起きています。

　人間である以上，そうした単純なミスはやむを得ないですが，この科目に関しては，チェックをしてもミスに気づきにくいところがあるように思われます。

　それは，この科目の内容自体が非常にわかりにくいからです。退職給付に係る調整累計額がプラスの場合，見積計算を原因とする差異が，将来的に費用を軽減する方向に働きます。マイナスの場合はその逆です。そういったことを理解しないまま，開示書類を作成している人も結構多いのではないでしょうか。

　自社の状況と照らし合わせた場合，プラスで違和感がないのか，マイナスであるべきなのかといったことがつかめていないと，異常に気づくことができません。

　会計を学ぶときは，難解な会計処理をマスターすることよりも，勘定科目の大まかな内容や会計基準の全体像といったことをまず押さえておくとよいです。

第9章

持分法とは

66 関連会社とは
影響力が及ぶかどうかにより判定

　グループ会社には，子会社ほど結びつきの強くない会社もあります。そのような会社のうち，一定の条件に合致するものを関連会社と呼び，持分法という会計手法を適用していきます。

■ 関連会社の定義

　図表66 - 1に関連会社の判定方法を図式化しました。子会社以外の会社を対象に，条件①から③の３つの条件で判定します。

　まず，条件①の違いにより３つのケースに分けます。条件①は他の企業の議決権をどの程度所有しているかという議決権比率の条件で，自社だけで20％以上を所有している場合は，それだけで関連会社となります。自社が15％以上20％未満の場合は，一定の要件を満たせば関連会社となり，自社が15％未満の場合は，緊密な関係者等と合わせて20％以上になることに加えて，一定の要件を満たす場合に関連会社となります。

　子会社の判定と同じで，自社の議決権比率が低いほど，他の条件も求められるということだな

■ 持分法の適用範囲

　子会社のうち連結されなかった会社（非連結子会社）および図表66 - 1の判定の結果，関連会社となった会社については，原則として持分法の適用対象になりますが，連結財務諸表に重要な影響を与えない場合には，持分法の適用範囲に含めないことができます。

　なお，子会社以外の他の企業の財務および営業または事業の方針の決定に対して重要な影響を与えることができないことが明らかであると認められる企業等は，図表66 - 1の判定にかかわらず，関連会社に該当しません。

　要するに，重要な影響を与えることができるかどうかが，持分法の適用範囲に含めるかどうかのポイントということね

図表66-1　関連会社の判定方法（概要）

条件①	議決権の20％以上を所有	議決権の15％以上20％未満を所有	議決権の０％以上15％未満を所有
条件②		一定の要件（＊1）に該当	緊密な関係者や議決権行使同意者と合わせて20％以上を所有
条件③			一定の要件（＊2）に該当

原則的に関連会社（例外規定あり）

（＊1）次のいずれかの要件に該当すること
　i　役員等が子会社以外の他の企業の代表取締役等である
　ii　子会社以外の他の企業に対して重要な融資を行っている
　iii　子会社以外の他の企業に対して重要な技術を提供している
　iv　子会社以外の他の企業との間に重要な営業上の取引等がある
　v　子会社以外の他の企業の経営方針に重要な影響を与えることができる
　　ことが推測される事実が存在する
（＊2）上記（＊1）のｉからｖまでのいずれかの要件に該当すること

67 持分法とは
連結はグロスベース，持分法はネットベース

　P社がA社の30％の議決権を取得し，関連会社とした場合，P社はA社に持分法を適用します。持分法とはどのようなものでしょうか。P社が仮にA社を連結した場合と比較しながら，持分法の概要を説明します。

■ 連結はグロスで取り込み

　図表67－1の右端の図は，P社がA社を連結した場合の連結貸借対照表のイメージです。細部まで正確な図ではありませんが，P社の連結貸借対照表には，A社の貸借対照表のうち薄い網掛け部分が取り込まれていることがわかります。連結した場合は，対象会社の資産・負債をグロス（総額）ベースで連結財務諸表に取り込むイメージです。

 　P社の連結貸借対照表の総資産がP社の貸借対照表の総資産よりもかなり大きくなることは，図からも明らかね

■ 持分法はネットで取り込み

　図表67－2は，P社がA社に持分法を適用した場合のイメージです。持分法では，P社の貸借対照表に計上されている投資（A社株式）の額を，A社の純資産価値（P社持分に相当する額）に合わせるように増減させます。A社の資産・負債をネット（純額）ベースにして，P社持分に相当する額をP社の貸借対照表に取り込むイメージです。

 　P社の連結貸借対照表の総資産の大きさがP社の貸借対照表の総資産とあまり変わらないのは，ネットベースで取り込んでいるためか

　なお，図表67－2では，連結子会社が存在しない前提のため，右端の図は連結貸借対照表ではないのですが，持分法は連結財務諸表にしか適用できないルールになっているため，便宜上，連結貸借対照表としています。

図表67-1 関連会社を連結した場合

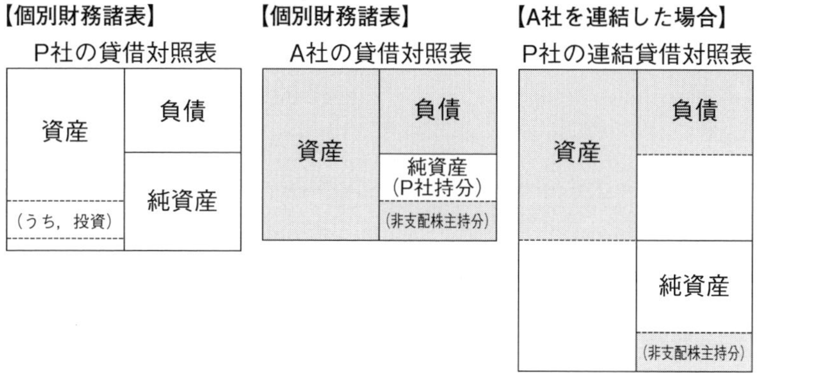

【個別財務諸表】
P社の貸借対照表

資産	負債
	純資産
（うち，投資）	

【個別財務諸表】
A社の貸借対照表

資産	負債
	純資産（P社持分）
	（非支配株主持分）

【A社を連結した場合】
P社の連結貸借対照表

資産	負債
	純資産
	（非支配株主持分）

図表67-2 関連会社に持分法を適用した場合

【個別財務諸表】
P社の貸借対照表

資産	負債
	純資産
（うち，投資）	

【個別財務諸表】
A社の貸借対照表

資産	負債
	純資産（P社持分）
	（非支配株主持分）

【A社に持分法を適用した場合】
P社の連結貸借対照表

資産	負債
	純資産
（うち，投資）	

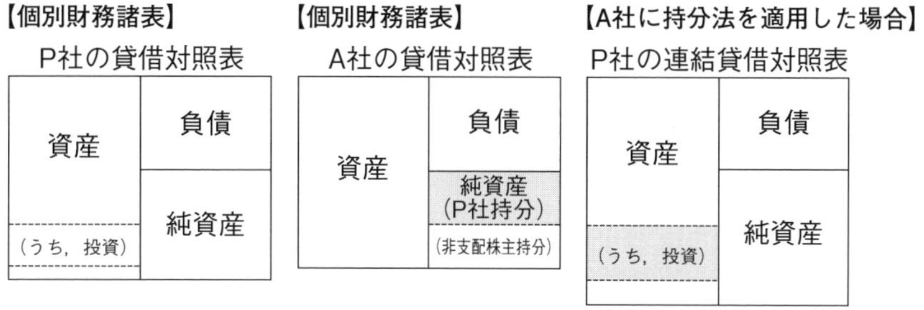

68 持分法投資損益とは
持分法による当期の利益の取り込み

　持分法適用会社の当期純利益を投資会社側で取り込む処理方法を見ていきます。

■ 個別決算では投資先企業の利益を取り込まない

　図表68−1の設例では，Ｐ社がＡ社の30％の議決権を所有しています。Ａ社の当年度の当期純利益は500円です。

　Ｐ社がＡ社株式を取得したのはこの年度の期首であり，Ｐ社の個別決算上では，Ａ社株式を投資有価証券勘定に取得価額1,200円で計上しています。

　Ｐ社によるＡ社株式取得後，Ａ社は当期純利益500円を獲得したので，Ｐ社の所有するＡ社株式の価値はその分高まったことになります。しかし，Ｐ社の個別決算上は，何も反映されません。個別決算では，資産（Ａ社株式）を取得原価主義により評価するからです。

　取得原価主義というのは，目先の価値の変動に一喜一憂しない会計手法なので，これでいいわけなんだよね

■ 持分法では「持分法による投資損益」に計上

　一方，持分法では上記の価値の変動を投資額に反映させます。

　すなわち，簡易精算表の「持分法処理」欄のとおり，Ａ社の当期純利益のうちＰ社持分に相当する額150円をＡ社株式に加算するのです。同時に，「持分法による投資損益」に同額を計上します。これで決算書の左右のバランスが取れます。

　「持分法による投資損益」は，連結損益計算書の営業外収益・費用に表示される科目です。持分法では，投資先企業が稼いだ利益のうち投資会社持分に相当する額を連結財務諸表の営業外収益・費用に計上します。

　持分法では，損益計算書項目についても収益・費用のグロスではなく，ネットの損益ベースで取り込むということね

図表68-1　簡易精算表（持分法～当期純利益の取り込み～）

> 持分法は，連結財務諸表のみで適用されるものであり，個別財務諸表では認められないため，「連結」としている

P社はA社の議決権の30％を取得している
A社の当期純利益は500だった

科目	親会社（P社）	*持分法処理*	連結
投資有価証券（A社株式）	1,200	*150*	1,350
持分法による投資損益	－	*150*	150

科目の5分類を確認

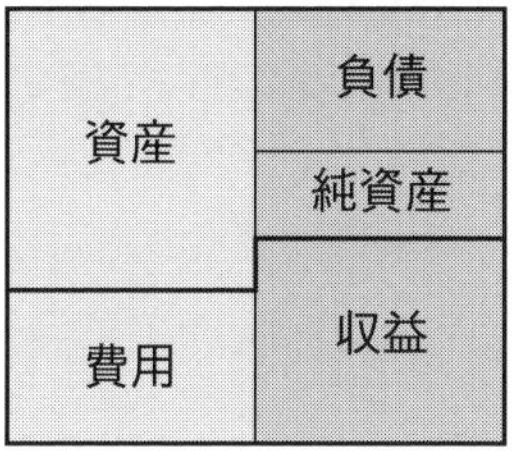

資産	負債
	純資産
費用	収益

持分法適用時に，営業外収益・費用の区分で新たに設置する科目（この表の科目分類上は収益項目としている）

500×30％＝150を投資有価証券に上乗せする

69

のれんの処理
投資差額の償却

　持分法においてものれんが認識されます。ただし，連結会計で認識されるのれんと違って，「のれん」という科目で表面に出てくるわけではありません。

■ 連結上ののれんと同じ

　図表69‐1は，持分法におけるのれんの発生プロセスをまとめたものです。この図は連結会計ののれんを説明した図表55‐1とほとんど同じです。というのは，のれんの認識プロセスが同じだからです。

　設例は，Ｐ社がＡ社株式20％を300,000円で取得するケースです。Ａ社の純資産は500,000円であり，その20％に相当する100,000円の価値があるＡ社株式を300,000円で取得しました。帳簿上の価値より200,000円高く買ったわけです。この200,000円がのれんになります。

　発生プロセスは，連結上ののれんと同じだな

■ のれんの償却処理が必要

　Ｐ社の個別決算上，のれん相当額200,000円は，Ａ社株式の取得価額に含まれています。持分法を適用しても，この部分については特に処理は必要なく，投資勘定にのれんが含まれたままで問題ありません。

　ただし，追加的な処理が必要になってきます。のれんの償却処理です。56項で述べましたが，連結会計ではのれんを一定期間で償却していく処理が必要です。これは持分法上ののれんでも同様であり，一定期間で償却していきます。

　具体的には，毎期，償却相当額を投資勘定から減額します。そして同時に，持分法による投資損失に同額を費用計上します。

　持分法の処理は，投資勘定と持分法による投資損益の２科目で処理していくことが中心になるのね

図表69-1 持分法におけるのれんの認識

A社の貸借対照表　　　　　　　　　　　　　（単位：円）

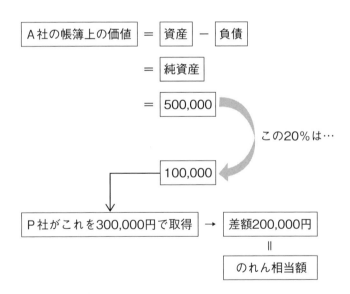

70

配当の処理
持分法適用会社からの配当の処理

　持分法適用会社から配当金を受け取った場合，持分法でどのように処理するかを見ていきます。

■ 持分法適用会社からの配当金は内部取引ではない

　図表70－1のとおり，P社は持分法適用会社A社から配当金を受け取りました。P社の個別決算上は，A社からの配当金を受取配当金に計上しています。

　A社は連結子会社ではありませんので，この図でも連結グループの枠の外に位置しています。したがって，A社からP社への配当金の支払いは，内部取引ではありません。この取引を消去する必要はないわけです。

　しかし，持分法を適用する場合，個別決算上の計上科目である受取配当金にそのまま載せておいてはいけないのです。

　消去の必要はないけど，そのままではいけないということは，別の科目に振り替えるということかな

■ 配当金受領は投資勘定の減額とする

　そもそもA社から受け取った配当金というのは，どのようなものかを考えてみましょう。

　配当金の原資は，基本的にA社がこれまで稼いだ利益の累積である利益剰余金です。利益剰余金はその企業の株主に帰属します。利益剰余金のうちP社に帰属する額は，68項で見たように，毎期の当期純利益を持分法手続で投資勘定に加算することにより，持分法適用後は投資勘定に取り込まれています。つまり，持分法上は，A社が利益を獲得した時点で，P社は持分の増加を認識しているのです。

　この処理を前提として，配当金の受取りが意味することを考えてください。P社は，P社がすでに投資勘定に取り込んだA社の利益剰余金から，現金を引き出す形で配当金を受け取っていることになります。これ

図表70-1 取引の概要（持分法～配当の処理～）

連結グループ

P社

¥

持分法適用会社

A社

¥

配当金

A社の儲けのうち
P社の取り分を，
現金で引き出した
イメージ

は結局，投資勘定の一部を現金で引き出したかのごとく捉えることがで
きます。

　したがって，持分法では，P社の投資勘定を減額するのです。そして
同時に，受取配当金を減額します。

持分法適用会社から配当金をもらっても，P社の損益には貢献
しないということなのね

持分法損益等の注記の趣旨は？

　連結財務諸表を作成していない会社では，個別財務諸表の注記事項として，関連会社に持分法を適用した場合の投資損益等を開示しなければならないとされています。具体的には次の３項目です。
- 関連会社に対する投資の金額
- 持分法を適用した場合の投資の金額
- 投資利益または投資損失の金額

　これらの金額を実際に算定できたのであれば，持分法を適用することはなんら難しくないのですが，注記をしなさいというのが現行のルールです。なぜそうなっているかというと，個別財務諸表に持分法を適用することが認められないからです。

　実は，この点に持分法の性格がよく表れています。

　持分法というのは，投資の額を連結決算日ごとに修正する方法です。投資先の関連会社が儲かれば，それに応じて投資額の評価を高くします。このような会計処理は，取得時の価額で据え置く取得原価主義とは相容れないのです。

　取得原価主義に基づく評価額であったとしても，投資先の関連会社に多額の損益が発生していなければ，さして問題になりません。持分法を適用した場合と比べて重要な差が生じないからです。

　しかし，関連会社に多額の損益が発生すると，この差が無視できません。多額の損失の場合は投資会社において投資の減損処理を行うことにより差は縮まりますが，多額の利益の場合は差が顕著になると考えられます。いずれにしても，子会社がないため連結財務諸表を作成していない会社等では財務諸表に上記事項を注記します。

第10章

セグメント情報のしくみ

セグメント情報とは
内訳を見せて連結会計の欠点を補う注記

　連結財務諸表では，セグメント情報という注記が開示されます。その趣旨と主な内容，作成プロセス等について，本章で解説します。

■ 異なる側面からの内訳表

　図表71 - 1は，セブン＆アイ・ホールディングスのセグメント情報から，営業収益に関する部分を抜き出してまとめたものです。表が3つありますが，いずれも太枠で囲った合計欄の値は連結営業収益と一致しています。つまり，3表とも営業収益の内訳表というわけです。

　上から順に，事業の種類別，販売主体の所在地別，販売市場別の内訳表です。セグメント情報というのは，連結決算情報を異なる側面から分割して見せる情報だとわかります。

 この情報があれば，連結損益計算書の一番上の数字が生き生きと見えてくるよね

■ 連結会計の欠点を補う注記

　セブン＆アイ・ホールディングスの事業の種類別の営業収益の表には，各事業に含まれる会社名を併記しています。複数事業を手掛けている会社がないのか，各社がいずれかの事業に属しているように見えます。

　それでも，1事業に複数社が含まれており，連結数値を単に会社別にばらしたというわけではありません。再構成したうえで分割しています。

　このように，セグメント情報というのは，連結会計と正反対の方向性を持つ会計情報であり，分割して細部をわかりやすく見せることを目的としています。連結会計はバラバラなものをまとめることに腐心していましたが，それによって失われた内訳情報を補足しようとしているのです。連結会計の欠点を補う注記だといえます。

 セブン＆アイ・ホールディングスの百貨店事業と小田急電鉄の流通業を比較分析することもできそうね

図表71-1　セグメント別営業収益の開示状況（セブン＆アイ・ホールディングス）

セブン＆アイ・ホールディングス（2021年2月期）　　　　　　　（単位：百万円）

報告セグメント	営業収益	主な会社または事業内容
国内コンビニエンスストア事業	920,832	セブン-イレブン・ジャパン他
海外コンビニエンスストア事業	2,191,383	7-Eleven, Inc.他
スーパーストア事業	1,810,884	イトーヨーカ堂，ヨークベニマル他
百貨店事業	425,153	そごう・西武他
金融関連事業	198,927	セブン銀行他
専門店事業	263,803	赤ちゃん本舗、ロフト他
その他の事業	22,011	不動産事業等
調整額	△66,277	連結営業収益と一致
合計	5,766,718	

セブン＆アイ・ホールディングス（2021年2月期）（単位：百万円）

所在地別セグメント	営業収益
日本	3,435,146
北米	2,232,234
その他の地域	100,707
消去	△1,371
合計	5,766,718

連結営業収益と一致

セブン＆アイ・ホールディングス（2021年2月期）（単位：百万円）

地域別セグメント	営業収益
日本	3,434,175
北米	2,231,893
その他の地域	100,649
合計	5,766,718

連結営業収益と一致

（出所：セブン＆アイ・ホールディングス有価証券報告書（2021年2月期）より筆者作成）

図表71-2　セグメント別営業収益の開示状況（小田急電鉄）

小田急電鉄（2021年3月期）　　　　　　　　　　（単位：百万円）

報告セグメント	営業収益	主な事業内容
運輸業	116,230	鉄道事業，自動車運送事業，タクシー事業，航路事業，索道業等
流通業	157,685	百貨店業，ストア業等
不動産業	72,872	不動産分譲業，不動産賃貸業
その他の事業	68,131	ホテル業，レストラン飲食業，旅行業，ゴルフ場業，鉄道メンテナンス業，ビル管理・メンテナンス業，広告代理業，経理代行業，保険代理業，企画設計・運営業および人材派遣業
調整額	△28,941	連結営業収益と一致
合計	385,978	

（出所：小田急電鉄有価証券報告書（2021年3月期）より筆者作成）

72 経営多角化が見える
セグメント情報は連結財務諸表の真打ち

　図表72 - 1と図表72 - 2は，セブン＆アイ・ホールディングスと小田急電鉄について，セグメント別の業績を簡単に分析したものです。

■ 連結損益計算書ではわからなかった情報

　まず図表72 - 1のセブン＆アイ・ホールディングスのほうですが，営業収益が最大のセグメントは海外コンビニエンスストア事業のようです。

　しかし，利益率も最大かというとそうではなく，営業収益に対する利益の率（営業収益利益率）は国内コンビニエンスストア事業がトップです。ボリュームでは海外のコンビニだが，儲かるのは国内のコンビニということでしょうか。営業収益利益率という点では，金融関連事業も見逃せません。一方で，スーパーストア事業は薄利多売的傾向が強く，また，百貨店事業と専門店事業は赤字であることもわかります。

　こうした情報は，連結損益計算書を見ただけではまったくわからなかったことです。

 セグメント情報は連結財務諸表の真打ちね

■ 経営多角化を念頭に置いた情報

　図表72 - 2は小田急電鉄について分析したものですが，こちらも同様の情報が入手できます。営業収益の大半を占める運輸業と流通業は赤字で，不動産業がそれを埋め合わせるように気を吐いているのがわかります。

　このように，複数の事業を手掛けている企業グループでは，セグメント情報により各事業の姿が浮き彫りになります。セグメント情報は，企業の経営多角化を念頭に置いた注記情報だといえます。

 セグメント資産の額も開示されているから，セグメント別の投資効率もわかるね

図表72-1 セブン＆アイ・ホールディングスのセグメント別業績

セブン＆アイ・ホールディングス
2021年2月期のセグメント別の業績

営業収益最大

（単位：百万円）

報告セグメント	国内コンビニエンスストア事業	海外コンビニエンスストア事業	スーパーストア事業	百貨店事業	金融関連事業	専門店事業	その他の事業
営業収益（セグメント間消去前）	920,832	2,191,383	1,810,884	425,153	198,927	263,803	22,011
セグメント利益又は損失（△）	234,258	98,097	29,683	△6,248	48,077	△13,572	1,944
セグメント資産	1,252,296	2,284,682	963,545	297,593	1,788,607	151,604	156,651
営業収益利益率	25%	4%	2%	－	24%	－	9%
資産利益率	19%	4%	3%	－	3%	－	1%

（出所：セブン＆アイ・ホールディングス有価証券報告書（2021年2月期）より筆者作成）

赤字

営業収益利益率最大

図表72-2 小田急電鉄のセグメント別業績

小田急電鉄
2021年3月期のセグメント別の業績

（単位：百万円）

報告セグメント	運輸業	流通業	不動産業	その他の事業
営業収益（セグメント間消去前）	116,230	157,685	72,872	68,131
セグメント利益又は損失（△）	△25,937	△1,741	16,459	△13,020
セグメント資産	671,599	59,146	407,252	125,166
営業収益利益率	－	－	23%	－
資産利益率	－	－	4%	－

（出所：小田急電鉄有価証券報告書（2021年3月期）より筆者作成）

73

セグメント別CF情報
セグメント情報をフルに活用する方法

　連結財務諸表には連結キャッシュ・フロー計算書も含まれることを第1章で触れました。連結キャッシュ・フロー計算書は連結貸借対照表と連結損益計算書から間接的に作成されるものなので，本書ではそれ以上踏み込んでいませんが，実は，セグメント情報の注記では，セグメント別のキャッシュ・フロー情報を入手することができます。

■ セグメント別キャッシュ・フローは各自で計算する

　図表73-1は，セブン＆アイ・ホールディングスのセグメント別キャッシュ・フロー情報をまとめたものです。セグメント情報では，営業収益，セグメント損益，セグメント資産の額のほかにも，いくつかの数値情報が提供されています。その中から，減価償却費，のれん償却額，減損損失を取り出して，セグメント損益の下に掲載したのがこの表です。この3つの項目は，いずれもキャッシュ・フローを伴わないものです。キャッシュ・フローを求めるときは，利益の額にこうした項目を足し戻すのですが，その主たる項目がまさにこの3つなのです。表の一番下で，その足し戻しを行って，簡易キャッシュ・フローを求めてみました。

　　　　セグメント別キャッシュ・フローについては，企業が材料を提供するので，知りたい人は各自で計算するということだね

■ 事業の性質がキャッシュ・フローに表れる

　図表73-2は，小田急電鉄について同様の表を作成したものですが，運輸業が特徴的です。運輸業は赤字でしたが，この表で求めた簡易キャッシュ・フローはプラスでした。要因は減価償却費です。鉄道は典型的な装置産業であり，事業の性格上，減価償却負担が大きいのですが，キャッシュ・フロー上はプラス要因になります。

　　　　赤字であっても，手元のキャッシュはあるということね

図表73-1	セグメント別キャッシュ・フロー情報（セブン＆アイ・ホールディングス）

（単位：百万円）

報告 セグメント	国内コン ビニエン ススストア 事業	海外コン ビニエン ススストア 事業	スーパー ストア 事業	百貨店 事業	金融関連 事業	専門店 事業	その他 の事業
営業収益（セ グメント間消 去前）	920,832	2,191,383	1,810,884	425,153	198,927	263,803	22,011
セグメント利 益又は損失 （△）	234,258	98,097	29,683	△ 6,248	48,077	△ 13,572	1,944
減価償却費	79,856	81,299	26,929	9,091	28,766	4,254	2,269
のれん償却額	−	21,119	3,098	−	359	462	−
減損損失	8,859	5,911	11,589	3,332	1	4,252	1,529
簡易キャッ シュ・フロー	322,973	206,426	71,299	6,175	77,203	△ 4,604	5,742

合計

（出所：セブン＆アイ・ホールディングス有価証券報告書（2021年2月期）より筆者作成）

損益だけでなく、キャッシュ・フローも最大

損益は赤字だがキャッシュ・フローはプラス

図表73-2	セグメント別キャッシュ・フロー情報（小田急電鉄）

（単位：百万円）

報告セグメント	運輸業	流通業	不動産業	その他の事業
営業収益（セグメント 間消去前）	116,230	157,685	72,872	68,131
セグメント利益又は損 失（△）	△ 25,937	△ 1,741	16,459	△ 13,020
減価償却費	33,309	3,557	10,052	4,422
のれん償却額	−	2	−	323
減損損失	1,723	7,612	4,771	1,649
簡易キャッシュ・フロー	9,095	9,430	31,282	△ 6,626

合計

（出所：小田急電鉄有価証券報告書（2021年3月期）より筆者作成）

損益は赤字だがキャッシュ・フローはプラス

損益は赤字だがキャッシュ・フローはプラス

74 セグメント情報の作成
集計プロセスの概要

　セグメント情報がどのように作成されるのか，その集計プロセスを見ておきます。図表74－1は，売上高のセグメント情報をどのように作成するかを表にしたものです。

■マトリクスで事業別売上情報を整理する

　まず，連結財務諸表に含まれるすべての会社について，事業別の売上高をつかみます。ここでは，親会社のほかに子会社が2社（子Aと子B）あり，この連結グループでは3つの事業（事業1，事業2，事業3）を営んでいます。そして，各社の各事業が，どの会社のどの事業にいくら販売したかという情報を入手し，それを図表74－1のようなマトリクスに記入していくわけです。この情報をもとに，事業ごとの売上高（セグメント売上高）を集計していきます。

　大きな会社では手集計は無理だな

■セグメント内取引とセグメント間取引

　集計するにあたってはポイントがあります。

　親会社の事業2から子A（事業2）への売上は，同事業内の売上なので，事業2というセグメントにとっては内部取引（セグメント内取引）となるため，セグメント情報では消去します。

　また，親会社の事業1から子A（事業2）への売上および親会社の事業1から子B（事業3）への売上については，親子間取引であり，連結財務諸表上は消去されますが，セグメント情報では消去せずに，セグメント間の売上高として集計します。

　以上に基づき，集計した結果が図表74－1の下の表です。

　セグメントから見て外部取引となるものを集計するのね

図表74-1 セグメント情報の集計プロセス

			販売先						
			親会社		子A	子B	外部	合計	同事業間の販売	同事業間販売消去後
			事業1	事業2	事業2	事業3				
販売元	親会社	事業1			500	600	3,000	4,100		4,100
		事業2			800		100	900	−800	100
	子A	事業2					2,000	2,000		2,000
	子B	事業3					1,200	1,200		1,200

連結売上高

			事業1	事業2	事業3
販売元	親会社	事業1	4,100		
		事業2		100	
	子A	事業2		2,000	
	子B	事業3			1,200
		縦計	4,100	2,100	1,200

	事業1	事業2	事業3
外部顧客への売上高	3,000	2,100	1,200
セグメント間の売上高	1,100	0	0

マネジメント・アプローチ
経営者の視点からの情報を投資家に開示

　前項の簡単な設例であればともかく，現実には，セグメント情報の作成にはかなり手間がかかると予想されます。そこでセグメント情報の制度では，この手間を省く工夫が用意されています。マネジメント・アプローチというものです。

■ マネジメント・アプローチとは

　マネジメント・アプローチというのは，経営者が意思決定や業績評価に用いている連結グループの内部情報を，外部公表するセグメント情報に利用するという考え方です。図表75 - 1のように，まず外部非公表の経営資料があり，それをセグメント情報に転用します。

　ただし，経営資料の数値は，必ずしも連結財務諸表の数値と同じベースではない可能性があるので，その場合は差異を明らかにして，連結財務諸表の数値につながることを示します。

 これは確かに合理的な思考法だよな

■ 投資家にとっても有用

　このアプローチで注記情報を作成すれば，情報開示のために別途集計作業等を行う必要がなく，注記作成者の負担を軽減できるという理屈です。一方で，情報の利用者である投資家等にとっても，経営者と同じ視点から財務情報を検討することができ，経営者の行動を予測し，企業の将来キャッシュ・フローの評価に反映させることが可能になるとされています。

 現実には，開示用の情報を作成して，それを経営者に報告している会社もあるように思えますが，皆さんの会社ではどうでしょうか？

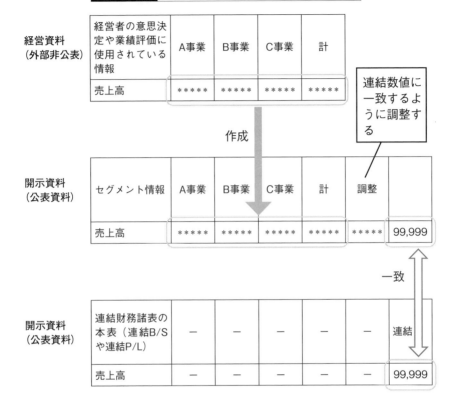

図表75-1　経営資料とセグメント情報等の関係

これで全10章終了だけど，後半はちょっと難しかったなあ

そうね，連結会計の全体像をつかめれば，まずは目的達成としましょう

169

開示情報はさらに細分化する

　連結財務諸表等で，2021年度から新たな注記が求められていま
す。収益の分解情報という注記です。この注記は収益の額の内訳を
開示するというもので，セグメント情報との関係がわかるような情
報とすることが求められています。

　会計基準で示されている注記例によると，セグメント情報をベー
スに，もう1つ別の要素に着目して収益の額を分解した情報となっ
ています。セグメント別の収益の額を「主たる地域市場別」，「主要
な財又はサービスのライン別」，「収益認識の時期別」に分解した情
報の3つです。

　もちろん，この様式にこだわる必要はありませんが，セグメント
情報よりも細分化された情報を開示する流れが定着していくのでは
ないでしょうか。

　収益の分解情報という注記が導入された背景には，多様化の進展
があります。人々のニーズ等の多様化に伴い，顧客への販売方法も
さまざまになり，収益の認識時期までも多様化しているということ
なのです。

　近年，社会のさまざまな場面で，多様性が重視されるようになっ
てきました。企業の情報開示もまた，その流れを追いかけていくこ
とになります。

《著者紹介》

石王丸　周夫（いしおうまる　のりお）

公認会計士

1968年生まれ。監査法人トーマツ（現・有限責任監査法人トーマツ）を経て，2004年に石王丸公認会計士事務所開業。会計監査業務や内部監査業務を提供しているほか，実務担当者向けセミナーの講師を担当。

主著に『経理財務担当者，士業のための　最短で導き出す分配可能額』（清文社）等がある。

図解
連結決算のしくみと読み方

2022年1月5日　第1版第1刷発行

著　者	石　王　丸　周　夫	
発行者	山　本　　　継	
発行所	㈱中　央　経　済　社	
発売元	㈱中央経済グループ パ ブ リ ッ シ ン グ	

〒101-0051　東京都千代田区神田神保町1-31-2
電話　03 (3293) 3371 (編集代表)
03 (3293) 3381 (営業代表)
https://www.chuokeizai.co.jp
印刷／㈱堀内印刷所
製本／㈲井上製本所

© 2022
Printed in Japan

■最新の監査諸基準・報告書・法令を収録■

監査法規集

中央経済社編

本法規集は，企業会計審議会より公表された監査基準をはじめとする諸基準，日本公認会計士協会より公表された各種監査基準委員会報告書・実務指針等，および関係法令等を体系的に整理して編集したものである。監査論の学習・研究用に，また公認会計士や企業等の監査実務に役立つ1冊。

《主要内容》

企業会計審議会編＝監査基準／不正リスク対応基準／中間監査基準／四半期レビュー基準／品質管理基準／保証業務の枠組みに関する意見書／内部統制基準・実施基準

会計士協会委員会報告編＝会則／倫理規則／監査事務所における品質管理　《**監査基準委員会報告書**》　監査報告書の体系・用語／総括的な目的／監査業務の品質管理／監査調書／監査における不正／監査における法令の検討／監査役等とのコミュニケーション／監査計画／重要な虚偽表示リスク／監査計画・実施の重要性／評価リスクに対する監査手続／虚偽表示の評価／監査証拠／特定項目の監査証拠／確認／分析的手続／監査サンプリング／見積りの監査／後発事象／継続企業／経営者確認書／専門家の利用／意見の形成と監査報告／除外事項付意見　他《**監査・保証実務委員会報告**》継続企業の開示／後発事象／会計方針の変更／内部統制監査／四半期レビュー実務指針／監査報告書の文例

関係法令編＝会社法・同施行規則・同計算規則／金商法・同施行令／監査証明府令・同ガイドライン／内部統制府令・同ガイドライン／公認会計士法・同施行令・同施行規則

法改正解釈指針編＝大会社等監査における単独監査の禁止／非監査証明業務／規制対象範囲／ローテーション／就職制限又は公認会計士・監査法人の業務制限